ज़िंदगी ज़िंदाबाद

ज़िंदगी ज़िंदाबाद

उदयभान

Anecdote
Publishing House
For the love of quality reading!

Anecdote
Publishing House
For the love of quality reading!

Anecdote Publishing House
2nd Floor 2/15 Lane no. 2 Ansari Road,
Daryaganj, Delhi -110002.
anecdotepublishinghouse.com
champreaders.com

Published by Anecdote Publishing House

First Edition 2024

ISBN: 978-81-973806-1-7

MRP: ₹ 399.00

Book Promoted and Marketed by
Champ Readers Pvt. Ltd.

Edited by Nazia Khan
Layout and Cover by Aamir Ali

Printed in India

श्री गणेशाय नमः

आओ कहें ज़िंदगी ज़िंदाबाद !

जगत्पिता जब इस सृष्टि का निर्माण कर रहे थे तो आदि मानव के निर्माण के समय उनके मन में कुछ विचार आए कि मानव को सर्वश्रेष्ठ कृति बनाते हुए कुछ रहस्य भी देने चाहिए, लेकिन उन्हें इस बात का संदेह भी हुआ कि मैं यह रहस्य सभी को दे दूंगा तो इनका दुरुपयोग भी हो सकता है। अतः इन रहस्यों को छुपा कर रखता हूँ जो चाहेगा, वही इनको खोज पाएगा। उन्होंने अपने साथी देवताओं से पूछा कि यह रहस्य कहाँ छुपाऊँ कि आसानी से मनुष्य को नहीं मिल सके। कुछ देवताओं ने कहा कि इन्हें आकाश में छुपा देना चाहिए। ब्रह्मा ने कहा यह मनुष्य आगे चलकर आकाश को चीरेगा, अतः इन्हें आकाश में नहीं छुपा सकता। कुछ देवताओं ने कहा कि धरती में नीचे छुपा कर रख दो। ब्रह्मा ने कहा कि मनुष्य धरती को खोद कर निकाल लेगा और जल में भी गोते लगाकर उसके सभी मोतियों तक पहुँच जाएगा। फिर उनके मन में विचार आया कि इन रहस्यों को मानव के भीतर ही छुपा देता हूँ। जो खुद को खोजेगा, उसे ही यह रहस्य प्राप्त होंगे और जगत्पिता ने गूढ़ रहस्यों को मनुष्य

के भीतर छुपा दिया। इतिहास गवाह है कि जिस भी मनुष्य ने स्वयं की खोज की, उसको ये रहस्य प्राप्त हुए और उसके मुँह से निकला "जिंदगी जिंदाबाद"। जिसने भी अपने आपको सकारात्मकता से भर लिया, वह बहुत आसानी से कह पाया "जिंदगी जिंदाबाद"।

जब मैंने इस रहस्य को जाना तो प्रण लिया कि यह आप सभी तक पहुँचाऊँगा। जिससे आप सब भी प्रेरित, उत्साहित और ऊर्जावान बने रहें। आपने निर्णय ले लिया, इसका प्रमाण यह है कि यह पुस्तक आपके हाथ में है और आप इसे पढ़ रहे हैं। आप सभी को मेरी अनंत शुभकामनाएं।

हम स्वयं ही हैं हमारे भाग्य विधाता –

"जो अंदर है वही बाहर है और जो बाहर चाहते हैं, वह अंदर होना चाहिए।"

हमें केवल हमारी इच्छाओं के बारे में स्पष्ट पता होना चाहिए। इतना स्पष्ट कि कोई छोटा बच्चा भी इसको समझ सके, क्योंकि ब्रह्मांड केवल स्पष्टता समझता है। स्पष्ट होने के साथ ही हम इसे ब्रह्मांड से मांगना प्रारंभ कर दें और इसमें जीने का अभ्यास शुरू कर दें। जैसे कि हमने मांगा और ब्रह्मांड ने हमें दे दिया।

यह वही रहस्य है जो ब्रह्मा ने हमारे भीतर छुपाकर रखा था। ब्रह्मांडीय नियम कहता है कि हमारे विचार ही हमारे जीवन की रचना करते हैं। हम अमीर व गरीब भी अपने विचारों से ही

बनते हैं। यह बात शुरू में सभी को बड़ी अटपटी सी लगती है, लेकिन धीरे–धीरे अभ्यास में आने के बाद हम स्वयं ही इस पर विश्वास करना प्रारंभ कर देते हैं और वहीं से शुरू होता है हमारी ज़िंदगी ज़िंदाबाद का सफर।

हम इस ब्रह्मांड के सबसे शक्तिशाली टॉवर हैं। यदि हम इस टॉवर की तरंगों को ब्रह्मांड की तरंगों से मिलाना सीख जाएं तो तत्काल गाना बज उठेगा, **जिंदगी के सफर में गुज़र जाते हैं जो मुकाम वह फिर नहीं आते** .....। लेकिन हमें बचपन से ही नौकरी करने के लिए तैयार किया जाता है। हमें बचपन से यह सिखाया जाता है कि ढंग से पढ़ लो वरना ढंग की नौकरी नहीं लगेगी। सभी बड़ों का ध्यान नौकरी पर ही केन्द्रित किया जाता है, बार–बार नौकरी की बात की जाती है। लेकिन कोई यह नहीं कहता कि ढंग से पढ़ ले, नहीं तो नौकरी नहीं दे पाएगा अर्थात बड़ा बिज़नेसमैन नहीं बन पाएगा। मैं व्यक्तिगत रूप से नौकरी को कभी खराब नहीं मानता लेकिन जिसमें सामर्थ्य है, योग्यता है या जिसे इन रहस्यों की जानकारी है, उसे या तो अच्छी नौकरी के बारे में सोचना चाहिए या व्यापार के बारे में लेकिन दोनों का उद्देश्य एक ही होना चाहिए कि हम हजारों परिवारों में रोशनी को पहुँचा सकें। ***श्रीमद्भगवद् गीता*** में लिखा है कि हम सब आत्माएं हैं और यह ज़िंदगी हमारी आत्माओं के लिए एक परीक्षा है। अपने अंदर से अपने सबसे अच्छे रूप को बाहर निकालें, लेकिन दुर्भाग्य की बात है कि हम अपने भीतर के सबसे अच्छे रूप को बाहर निकाल ही नहीं पाते, क्योंकि हम केवल बाहरी दुनिया पर ही ध्यान केन्द्रित कर पाते हैं, भीतर की दुनिया पर नहीं। केवल विचारों में परिवर्तन लाकर यदि हम चाहते हैं कि हमारे भीतर का सबसे सुंदर रूप

बाहर आये तो हमें जीवन में कुछ बदलाव लाने होंगे। हमारे बड़े होने के दौरान जो हमने देखा, सुना, किया वही हमारे मन–मस्तिष्क पर छाया रहता है। हमारा मस्तिष्क एक अलमारी की तरह काम करता है, हमारी देखी–सुनी फाइलों को इकट्ठा कर अलमारी में रखता है। जीवन में जब भी कोई बात होती है, उससे संबंधित हमारे मस्तिष्क में रखी जानकारी की फाइलों को निकाल कर तुरंत ज्ञान के रूप में हमें बता देता है। हमने जो देखा वह सूचनाएं एकत्रित कर उसका अच्छा–बुरा समझकर बुद्धि के रूप में समझकर विचार बन जाता है और यह विचार ही जीवन को बदलने की क्षमता रखता है। इसका मतलब यह है कि हमारे जीवन की दशा व दिशा तय करने में हमारे बड़े होने के दौरान आये हुए विचारों का ही महत्व होता है। हमारी योग्यता केवल विषयों में आने वाले नंबरों से ही आंकी जाती है। विषय के नंबर महत्वपूर्ण हैं लेकिन, उससे भी ज्यादा महत्तवपूर्ण है, सकारात्मकता।

अक्सर कोई विद्यार्थी जब यह सवाल पूछता है कि मैं क्या काम करूँ? तो मैं हमेशा उसको तीन जवाब देता हूँ–

1. वह करो जिसको करते समय तुम्हें भूख का अहसास न होता हो या गर्मी–सर्दी का अहसास न होता हो।
2. वह करो जिसमें तुम्हें निरंतर नया सीखने को मिलता हो।

वह करो जिसको करने से तुम परिवार, समाज व देश के लिए कुछ सकारात्मक योगदान दे सको।

ा की शक्ति को हमारी आंतरिक शक्ति के

साथ मिलाकर जितना अधिक कृतज्ञ होंगे, उतना ही यह बढ़ती जाएगी। हमारी सारी इच्छाओं की पूर्ति संभव है, केवल हमें यह स्पष्ट पता होना चाहिए कि हमें क्या चाहिए?

ब्रह्मा के अनुपम उपहार बुद्धि के कारण ही हम अपने भाग्य–विधाता हैं। सभी परिस्थितियाँ हमारी ही पैदा की हुई हैं और उनके हल भी हमारे पास ही हैं। हमारे मन में आने वाला विचार निराकार होता है और यह निराकार विचार ही हमारी इस अद्‌भुत शक्ति के कारण आकार में परिवर्तित होता है।

यह सृष्टि तरंगों के सिद्धांत पर काम करती है। ये तरंगें ही हमारा आधार हैं। जिस प्रकार बिजली का होना, हमारे सेल फोन का होना, इंटरनेट का होना आदि तरंगों पर आधारित हैं, उसी प्रकार हमारा जीवन भी तरंगों पर आधारित है। समस्त संसार की उत्पत्ति ब्रह्मा ने ही की है। ब्रह्मा ही सभी के जनक हैं। जिसने ब्रह्मांड के साथ सकारात्मकता से अपनी तरंगों को जोड़ना सीख लिया, वह घने अंधेरे को चीरकर भी उजाला कर सकता है और वह सुख–समृद्धि का आनंद पा सकता है।

सकारात्मक विचारों में इतनी शक्ति होती है कि ये न केवल हमें सीधा ब्रह्मा से जोड़ देते हैं बल्कि, उसके साथ हमारे संबंधों को और मजबूत बनाते हैं। धीरे–धीरे हम इस शक्ति को पहचानते हुए उसे जीना प्रारंभ कर देते हैं और हमारी ज़िंदगी में बदलाव प्रारंभ होने लग जाते हैं। यह ठीक उसी प्रकार होता है जिस प्रकार सामान्य जीवन में हमारे किसी भी रिश्ते की प्रगाढ़ता एक पुल का निर्माण करती है। हम शक्तियों की तलाश में यहाँ–वहाँ

भटकते रहते हैं और भूल जाते हैं कि हमारे अंदर एक महान शक्ति है। हम ब्रह्मा की संतान हैं, जो कि जगत्पिता है, सृष्टि का रचयिता है। मज़ेदार बात तो यह है कि ब्रह्मा ने ही तो हमारे अंदर इस शक्ति को छिपाया है। ब्रह्मांड अनंत का स्वामी है।

सभी की इच्छा होती है सफल बनने की लेकिन सफल वही बनता है जिसके पास इच्छाशक्ति होती है। इसके लिए आवश्यक है, लक्ष्य। एक बड़ा लक्ष्य बनाकर हम उसे छोटे–छोटे लक्ष्यों में विभाजित कर सकते हैं। हर लक्ष्य प्राप्ति के साथ आनंदित होकर आगे बढ़ सकते हैं।

विचारों का आना ही शुरुआत है, आप जो पाना चाहते हैं, सबसे पहले उसे विचारों में लाना है तथा विचारों में ही पाना है। निरंतर उसे महसूस करना है और इस प्रकार धीरे–धीरे आप उसे पा ही लेते हैं, चाहे आपकी वर्तमान ज़िंदगी कैसी भी हो, यदि आपने अपना भविष्य बदलने की ठान ली तो आप उसके सच्चे हक़दार हैं। आप अपना भविष्य स्वयं लिखकर ***"ज़िंदगी ज़िंदाबाद"*** कर सकते हैं। आपकी सफलता के लिए सर्वाधिक महत्वपूर्ण यही है। आप बातें चाहे कितनी ही मानवीय या आध्यात्मिक कर लें, लेकिन बिना पैसों के सब केवल बातें ही हैं। मेरे सामाजिक कार्यों के अनुभव के दौरान मैंने यह महसूस किया कि पैसा सबसे महत्वपूर्ण है। मानवता की सेवा ... आध्यात्मिकता जगाना तभी संभव है, जब हमारे पास प्रचुरता ... हो। यदि कोई मेरी इस बात से सहमत नहीं है तो ... है कि वह अपनी निर्धनता को छुपा रहा है। यदि ... हैं कि आप बहुत सारा पैसा नहीं कमा सकते

तो ब्रह्मांड के सबसे शक्तिशाली टॉवर होने के बाद भी आप ब्रह्मांड को नकारात्मक तरंगें भेज रहे हैं। आप यदि हमेशा पैसे न होने की, कर्ज़े की या परिवार में, समाज में व ऑफिस में हमेशा आपकी निन्दा होने की बातें करते हैं तो आप आजीवन अभाव को आमंत्रित कर रहे हैं। जब आप यह विचार करते हैं कि आपका जीवन तो सिर्फ कर्ज़ा चुकाने के लिए ही हुआ है तो आप समझ सकते हैं कि आपका जीवन कैसा होगा। ब्रह्मांड का नियम कहता है कि जिस चीज़ पर ध्यान केन्द्रित करते हैं, वह बढ़ने लगती है इसलिए आप वर्तमान के बारे में न सोचकर जो आप बनना चाहते हैं उसके बारे में सोचें और ध्यान केन्द्रित करें। जब हम निराकार विचार को सकारात्मकता की शक्ति देते हैं तो ब्रह्मांड उसे सकारात्मकता में परिवर्तित करने लगता है। आमतौर पर आपके बड़े होने के दौरान यह कई लोगों द्वारा कहते हुए सुना जाता है कि पैसा सब–कुछ नहीं है। पैसे से खुशी नहीं खरीदी जा सकती। ग़रीब लोग और ग़रीब व अमीर लोग और अमीर होते जा रहे हैं। इस तरह स्वयं लोग अपनी आर्थिक स्थिति को दर्शा रहे होते हैं। जब–जब गरीबी की बात बड़े मज़े से की जाती है, तब–तब गरीब और गरीब होता जाता है। धन व प्रसन्नता का बहुत गहरा संबंध होता है। धन केवल विलासिता का प्रतीक नहीं होता बल्कि सफलता का भी प्रतीक होता है। इस बारे में सबके अलग–अलग मत हो सकते हैं। मेरे अनुसार संकल्प, सद्भाव के साथ पुरुषार्थ करके कमाया गया धन हमेशा प्रसन्नता लाता है। यह अलग बात है कि पैसे होने का अर्थ अलग–अलग लोगों के लिए अलग–अलग होता है। जीवन जीने की कला का महत्वपूर्ण आयाम यह है कि हम सीख लें कि मस्तिष्क कैसे काम करता है। हमारे बड़े होने के दौरान

हमने कई बार सुना होता है कि–

- पैसा पेड़ पर नहीं लटकता।
- पैसा कमाने के लिए खून–पसीना एक करना पड़ता है।
- पैसे के साथ बीमारियाँ व तकलीफें भी आती हैं।
- पैसा हमेशा बेईमानी से ही कमाया जा सकता है।
- पैसे वाले लोग कंजूस होते हैं।
- पैसा कितना ही कमा लो, हमेशा कम ही लगता है।

पैसे के बारे में लगातार सुने जाने वाले विचार हमारे मस्तिष्क की फाइल में अपनी जगह निश्चित कर लेते हैं। अब जब भी पैसे की बात होगी, ये विचार निकल कर आएंगे और अपनी बात बड़ी दृढ़ता के साथ रखेंगे और यहीं आवश्यकता पड़ती है अपने मस्तिष्क की कि हमें इन विचारों को नए विचारों के साथ बदलना है।

- मैं पैसों को आकर्षित करने वाला इस ब्रह्मांड का सबसे शक्तिशाली चुंबक हूँ।
- मुझे बड़ी आसानी से पैसा मिलता है।
- पैसा अपने साथ सुख–समृद्धि व आनंद लाता है।
- पैसा हमेशा संकल्प, सद्भाव व सद्गुण से ही कमाया जाता है।

पैसे वाले लोग बड़े दानवीर होते हैं।

ंड के पास बहुत सारा पैसा है।

– इन सभी विचारों को नियमित लिखना

शुरू कर दें। प्रत्येक विचार को कम से कम 10 बार रोज़ाना ***'सकारात्मकता'*** के साथ दोहराएं और इनको अपने विचारों में प्रथम स्थान दें। यदि संभव हो तो इनकी कोटेशन बनाकर अपने घर या ऑफिस में बोर्ड पर लगा दें और आते–जाते पढ़ें। ब्रह्मांड का नियम है कि जिस चीज़ पर ध्यान केन्द्रित करोगे, वह बढ़ेगी। पूर्ण सकारात्मकता के साथ इस पर ध्यान केन्द्रित करना प्रारंभ कर दें, जिससे नतीजे शुरू हो जाएंगे। जीवन सुख–समृद्धि और आनंद की राह पर बढ़ने लगेगा। ब्रह्मा ने बड़ी से बड़ी सफलता को हमारे भीतर ही छुपाया है। हमारे अंदर ऊर्जा का असीम भंडार है, जो किसी भी निराकार विचार को आकार दे सकता है। आपको केवल ब्रह्मांड से अपनी सकारात्मक तरंगों को जोड़ना है। नियमित जीवन में आने वाली समस्याएं हमारे सकारात्मक विचारों से आपका ध्यान भंग करती हैं। समस्याओं के नकारात्मक विचार ही ब्रह्मांड से जुड़ने वाले सकारात्मक विचारों के आकार लेने में बाधा बनते हैं। ये नकारात्मक भाव आपकी साधना को भंग करके ब्रह्मांड की तरंगों से मिलने लगते हैं, आपके जीवन में समस्याओं का कारण बनते हैं और जीवन में नई समस्याओं को आमंत्रित करते हैं। इस प्रकार साधना बीच में ही टूटने पर आप उदास हो जाते हैं और जब ऐसा बार–बार होता है तो आपका ध्यान साधना में लगता ही नहीं और आप जीवन पर्यन्त जैसे थे, वैसे ही रह जाते हैं।

इस ब्रह्मांड में अनंत ऊर्जा का भंडार है। आप अपने विचारों का जैसे–जैसे चित्रण करते हैं, वैसा–वैसा आकार देते हैं, बशर्ते आपका चित्रण स्पष्ट हो। आप हर बार ईश्वर को दोषी ठहराते हैं और कहते हैं, उसने आपको यह नहीं दिया, वह नहीं दिया।

आप नहीं देने पर ध्यान केन्द्रित करते हैं। ब्रह्मा की रचना इतनी शाश्वत है कि ब्रह्मांड वही देता है जो इससे मांगा जाता है। आपकी तरंगें जब ब्रह्मांड तक पहुँचना शुरू हो जाती हैं तो ब्रह्मांड देना प्रारंभ कर देता है। आप जब मन ही मन ब्रह्मांड के होने पर या उसकी कार्यशैली पर सवाल उठाने लग जाते हैं तो ब्रह्मांड अपना ध्यान दूसरी ओर ले जाता है और आपको मनवांछित प्राप्ति नहीं होती है। आपके सवाल जगत्पिता ब्रह्मा पर प्रश्नचिन्ह लगाते हैं। जब आप अपने जीवन में पैसे से जुड़े हुए मामलों में क्रोध करते हैं तो आप ब्रह्मांड को नकारात्मक संदेश भेज रहे होते हैं, फिर चाहे उसका संबंध किसी कर्ज़ के या बिल के भुगतान से ही क्यों न हो। आपको किसी भी बिल को देखकर पूर्णतः सकारात्मकता के साथ उससे कई गुना अधिक राशि के आने की कल्पना करते हुए ब्रह्मांड को संदेश भेजना प्रारंभ कर देना चाहिए। ब्रह्मांड के नियमों के प्रयोग से आपके जीवन में सकारात्मक बदलाव शुरू हो जाएंगे। यह सोचना आपका काम नहीं है कि यह कहाँ से आएगा। आपका संदेह ही ब्रह्मांड की ओर जाने वाली हमारी सकारात्मक तरंगों को कमज़ोर करता है। क्या आप कमज़ोर तरंगों से भी मनवांछित फल पाने की उम्मीद करते हैं?

आप जैसा सोचते हैं, वैसा बनना शुरू हो जाते हैं। यदि आप सफलता के बारे में सोचते हैं तो सफलता मिलने लग जाती [illegible] ैर यदि आप विफलता पर ध्यान केन्द्रित करते हैं तो [illegible] ं मिलनी शुरू हो जाती हैं। आप चाहे उम्र के किसी [illegible] ें यह सीखा जा सकता है। उम्र केवल मानसिक [illegible] ीवन में बड़ी उम्र के लोगों को सकारात्मकता

के साथ स्वस्थ रूप में जीते देखा होगा और कई कम उम्र के लोगों को नकारात्मकता के साथ परेशान रहते हुए जीते देखा होगा। इससे आप समझ सकते हैं कि यदि आप स्वयं अपने भाग्य–विधाता नहीं बन सकते तो यह मानना तय है कि कोई और आपका भाग्य लिखेगा और आपका पूरा उपयोग करेगा। जीवन में निश्चित रूप से कर्म बहुत महत्वपूर्ण है, लेकिन बड़ी सहजता के साथ कर्म करते हुए ब्रह्मांड को सकारात्मक तरंगें भेजना भी कर्मफल के लिए उतना ही महत्वपूर्ण है। आपके विचार ही आपके जीवन की उपलब्धियाँ तय करते हैं। विचारों की दृढ़ता ही परिणाम में बदलती है। आपको अपनी क्षमताओं के आधार पर यह विचार करना चाहिए कि आप क्या–क्या कर सकते हैं, न कि यह विचार कि आप क्या–क्या नहीं कर सकते। ऐसा सोचकर आप अपने ऊपर ही प्रश्नचिन्ह लगा रहे हैं, फिर सफलता की कामना करना व्यर्थ है। आपका भूतकाल आपकी साधना भंग करता है, भूतकाल केवल सीखने के लिए होता है। बार–बार विचार करने के लिए नहीं बल्कि, हमेशा उज्ज्वल भविष्य के लिए वर्तमान को बेहतर बनाने के लिए जीना प्रारंभ कर देना चाहिए। आपके आज के विचार ही आपका कल बना रहे हैं। आप जो कल तक सोचते थे, उसकी वजह से आज को जी रहे हैं। आप आजीविका के लिए चाहे कुछ भी करते हैं, उसमें स्वयं को सबसे बेहतर सोचें, यह आपके ऊपर है कि आप स्वयं को सोचकर कितना बेहतर महसूस करते हैं। ब्रह्मांड को भेजे जाने वाले आपके संदेश आपका भविष्य बना रहे हैं तथा आपका विकास कर रहे हैं। ब्रह्मांड न नकारात्मकता समझता है और न ही सकारात्मकता ब्रह्माण्ड केवल तरंगों की भाषा समझता है। यह तो केवल स्पष्टता समझता है इसलिए ब्रह्मांड

को जो भी संदेश भेजें, वह स्पष्ट हो। विचारों की स्पष्टता ही निराकार को आकार देती है। इस सबके लिए बहुत ज़रूरी है, आत्मविश्वास। हमें खुद पर विश्वास होना चाहिए कि हम निश्चित सफलता प्राप्त करेंगे। जीवन की सकारात्मकता विषम से विषम परिस्थिति में भी आप को प्रसन्न रखती है। आप अपने आप में एक अलग ही व्यक्तित्व हैं, आप जैसा इस पृथ्वी पर कोई नहीं। आपके माता–पिता ने आपका पालन–पोषण किस परिस्थिति में किया है, आपने बड़े होने के दौरान क्या–क्या सीखा, क्या–क्या देखा है, इन सबका आपके जीवन पर बहुत प्रभाव पड़ता है। आपके मन में निरंतर उठने वाले प्रश्न व उनके जवाब इन सब बातों पर निर्भर करते हैं। जीवन के प्रति सभी की मानसिकताएं अलग–अलग होती हैं और यही आपको उनसे अलग बनाती हैं। आप जैसा सोचते हैं, वैसा पा लेते हैं तो आपकी प्रसन्नता बढ़ जाती है। आप परिस्थितियों के अनुसार व सकारात्मक या नकारात्मक, खुश या दुःखी होते रहते हैं। आप सोचते तो परिस्थिति के अनुसार ही हैं। हर व्यक्ति का एक व्यक्तित्व होता है, इसी के अनुसार उसकी पहचान बनने लगती है। इन सब के कारण हम अपने आस–पास का वातावरण बनाने लगते हैं। हमारे द्वारा बनाया गया यह वातावरण ही हमारे किसी भी व्यक्ति के साथ संबंधों की आधारशिला होती है, यही हमारे मस्तिष्क को विचार देता है। ये विचार यदि नकारात्मक होते हैं ो हमारी सफलता में बाधाएं उत्पन्न करते हैं। स्वयं को बदलने रंभ यहीं से होता है। आप अपनी मानसिकता का बदलाव ें।

"सकारात्मकता जीवन की प्रत्येक परिस्थिति में आनंद की खोज कर ही लेती है।"

सकारात्मकता का ज्ञान बहुत कम लोगों को है, जब भी आप सकारात्मकता की बात करेंगे तो हो सकता है कि आप मज़ाक का पात्र बन जाएं। यह भी हो सकता है कि लोगों ने इसके बारे में सुन भी रखा हो लेकिन वे यह नहीं जानते कि इस रहस्य को कैसे समझें। यदि आप उन्हें समझाने का प्रयास भी करते हैं तो वे या तो रुचि नहीं लेंगे या इस पर विश्वास नहीं करेंगे। इस रहस्य की सफलता की पहली कड़ी ही विश्वास है। लेकिन यह बात भी सही है कि बरसों से हमारे मस्तिष्क में जमी नकारात्मकता की फाइलों को बदलने के लिए कड़ी मेहनत व अभ्यास की आवश्यकता होती है जो केवल स्वयं के विश्वास के बल पर ही की जा सकती है। चाहे आपकी वर्तमान परिस्थिति कैसी भी हो, लेकिन आपने सकारात्मकता के विश्वास से इसे बदलने की ठान ली तो जल्दी ही आपको इसके परिणाम मिलने लग जाते हैं। इसका अभ्यास भी करें–

- सफल लोगों की जीवनियाँ पढ़ें, ये आपकी विचार शक्ति को प्रभावित करती हैं।
- लोगों की चिंता करना छोड़ दें। वे जो कहते हैं, उन्हें कहने दें। ये वही लोग हैं जो एक दिन आपके लिए कहेंगे, हमें तो पता था यह एक दिन कोई बड़ा काम ज़रूर करेगा।
- अपने लिए बेहतर परिस्थितियों का चित्रण करके मुस्कराना प्रारंभ कर दें और उनमें जीना प्रारंभ कर दें।
- स्वयं से व दूसरों के साथ होने वाली बातचीत के दौरान अधिक से अधिक सकारात्मक शब्दों का प्रयोग प्रारंभ कर दें।
- विचारों की नकारात्मकता को पहचानते हुए उसे तुरंत सकारात्मकता में बदलें। ऐसा करने का अभ्यास होने पर जीवन का आनंद निरंतर बढ़ता जाएगा।
- क्रोध से बचना है।
- किसी की भी आलोचना न करें।
- स्वयं के अपराध बोध से बचें। किसी भी परिस्थिति के लिए स्वयं को लगातार ज़िम्मेदार न ठहराएं।
- स्वयं के दिमाग में रखी पुरानी फाइलों को नए विचारों के साथ बदलना शुरू करें।
- दक्षता हासिल करने के लिए लगभग हर घण्टे में स्वयं की जाँच करें कि हम क्या सोच रहे थे और यदि उस समय नकारात्मक विचार थे तो तुरंत उन्हें सकारात्मक विचारों ल लें।
- लोगों से मिलना प्रारंभ करें।
- संदेशों के साथ अपने आस–पास माहौल

बनाएं। अपने आस–पास की दीवार, मेज़ आदि की जगह पर सकारात्मक संदेश लगाएं। आते–जाते इन्हें पढ़ें तथा इनको अपने मस्तिष्क में स्थान दें।

- सूर्योदय से पूर्व उठने का प्रयास करें। कुछ समय अपने शरीर को अवश्य दें। स्वयं को व्यस्त रखने का पूर्ण प्रयास करें। संतुलित आहार लें तथा अपने क्षेत्र के बेहतरीन लोगों के साथ समय बिताने का मौका न छोड़ें।
- स्वयं पर विश्वास करना सीखें, चाहे दुनिया करे, न करे।
- जीवन के प्रत्येक रिश्ते से आशाएं न रखें।

नकारात्मक विचारों को सकारात्मक विचारों से बदला जा सकता है –

नकारात्मक विचार -

- मैं यह नहीं कर सकता हूँ।
- मैंने आज से पहले ऐसा नहीं किया।
- मेरे पास इन सबके लिए व्यवस्थाएं नहीं हैं।
- मेरे पास फालतू समय नहीं है।
- कोई रास्ता नहीं सूझ रहा है।
- परिवर्तन में काफी समय लगेगा।
- मुझे लोग पसंद नहीं करते हैं।
- मुझे यह सब नहीं आता है।

सकारात्मक विचार -

- मैं सब कर सकता हूँ।
- मैंने आज से पहले नहीं किया लेकिन अब कर लूंगा।
- मैं सब व्यवस्थाएं जुटा सकता हूँ।

- मैं अपनी दिनचर्या को व्यवस्थित करके समय निकाल लूंगा।
- ब्रह्मांड मेरे लिए रास्ता बनाएगा।
- परिवर्तन प्रकृति का नियम है।
- सभी लोग बहुत अच्छे हैं और मुझे बहुत प्यार करते हैं।
- मैं हमेशा सीखने और निरंतर विकास करने का संकल्प लेता हूँ।

"सफलता के विचार बहुत जल्दी आकार लेने लगते हैं।"

ब्रह्मांड के नियम -

- जिस चीज पर ध्यान केन्द्रित करोगे, वही बढ़ेगी।
- ब्रह्मांड हमारे विचारों का पीछा करता है। विचारों में ऊर्जा होती है।
- ब्रह्मांड हमारे इरादे की शक्ति को यकीन में बदलता है।
- जो बोओगे, वही काटोगे।
- कुछ नहीं बोओगे तो कचरा उग जाएगा।
- जितना बोओगे उसका कई गुना होकर मिलेगा।
- .जो भी बोओगे फल आने में समय लगता है।

आप आम जीवन में देख पाते हैं कि अक्सर एक जैसी रुचियों ाले लोगों में गहन मित्रता होती है।

ा बढ़ाएं - जब आप ब्रह्मांड से प्रार्थना करें तो धीरे–
ारा बढ़ाना शुरू कर दें। पहले अपने लिए फिर
र फिर सबके लिए प्रार्थना करने की आदत
रने से हम स्वयं के लिए और ज़्यादा पा सकते

हैं, क्योंकि जब आप सबके लिए प्रार्थना करते हो तो सब तरफ से आपके लिए भी प्रार्थनाएं आनी शुरू हो जाती हैं। धीरे–धीरे आप महसूस करोगे कि लोगों ने अपनी शुभकामनाओं और शुभ आशीष में आपको स्थान देना शुरू कर दिया है।

सहायता करें - जब आप दूसरों की सहायता करने का विचार करना शुरू करते हैं तो ब्रह्मांड आपको दूसरों की सहायता करने का मौका देना शुरू कर देता है और दूसरों को भी आपकी सहायता करने का। यह किसी भी रूप में हो सकता है। छोटे से छोटे या बड़े से बड़े काम में भागीदारी निभाने का मौका देता है। फिर इसे आप चमत्कार ही कहेंगे।

अपनी धाराणाएं बदलें - आप जो भी चाहते हैं, एक बार यह अवश्य देख लें कि उसके बारे में आपके मस्तिष्क में क्या–क्या भावनाएं हैं। आप उसके बारे में क्या सोचते हैं। आपने उसके बारे में अभी तक कितना समझा या आपके मस्तिष्क में उसको लेकर कैसी फाइलें हैं। यदि आपके मस्तिष्क की पूर्व की फाइलें नकारात्मक हैं तो पहले उन फाइलों को सकारात्मक फाइलों से बदलें, उसके बाद ही ब्रह्मांड को संदेश देना प्रारंभ करें।

आत्मविश्वास बढाएं - पूर्व में किए गए अपने कार्यों को भूलते हुए ब्रह्मांड को संदेश भेजने के लिए तरंगों के साथ जुड़ना है। स्पष्ट संदेश असफलता की भावना या संदेह के साथ नहीं भेजा जा सकता है। ऐसा करके आप तरंगों को दूषित कर दे[illegible] हैं। संदेश भेजने की प्रक्रिया पूर्ण आत्मविश्वास के साथ हो[illegible] चाहिए। ऐसा करके हम परिवर्तन देख सकते हैं।

संदेश पर नज़र रखें - जब आप तरंगों को भेजकर ऊर्जा प्रवाहित करना प्रारंभ करते हैं तो ब्रह्मांड आपकी तरंगों को स्वीकार करके उत्तर में आपको संदेश देना प्रारंभ कर देता है, अब संदेश किसी भी रूप में हो सकता है। इसका ज़रिया टी.वी./अखबार की कोई खबर, मोबाइल पर आने वाले संदेश या किसी व्यक्ति द्वारा कही जा रही कोई बात हो सकती है या कोई घटना भी हो सकती है। जब इसकी पुनरावृत्ति होने लगे तो इसे मात्र संयोग नहीं समझना चाहिए, इन संदेशों पर जितना आप ध्यान देंगे, आपको स्पष्टता नज़र आने लगेगी, क्योंकि ब्रह्मांड का संदेश हमें इन घटनाओं के माध्यम से ही पहुँचता है इसलिए इन संदेशों पर पूरी नज़र रखनी चाहिए।

आपको यह समझ लेना चाहिए कि आप ब्रह्मांड की बेहतरीन कृति संतान हैं। आपका जीवन आपके विचारों के प्रवाहित होने का ही परिणाम है। जीवन में जब आप प्रसन्न होते हैं तो कुछ नहीं, और जैसे ही अप्रसन्न होते हैं तो आप परिस्थितियों को दोष देना प्रारंभ कर देते हैं। मैं यहाँ यह स्पष्ट करना चाहता हूँ कि इसमें परिस्थितियों का कोई दोष नहीं, यह केवल जीवन के विचारों के खेल को आप कितनी अच्छी तरह से खेलते हैं,
पर निर्भर है। आपको पता ही नहीं, यह विचारों का खेल
-अनजाने में नियमित खेल रहे हैं। ब्रह्मांड के नियम
हैं। इन नियमों पर इस बात का कोई फर्क नहीं
ें मानो या न मानो। ये नियम सम्पूर्ण पृथ्वी
करते हैं। लेकिन यह आपके पक्ष में
ाप स्वयं अपनी सफलता पर ध्यान
नसारिता" का नियम यह कहता है कि

इस दुनिया में सब कुछ दो ध्रुवीय है। एक ध्रुव के अस्तित्व के बिना दूसरे ध्रुव का होना संभव नहीं है। इसके अनुसार जो अंदर है, वह बाहर है। तरंगों के नियम में भी सकारात्मक तरंगें व नकारात्मक तरंगें नकारात्मक तरंगों को आकर्षित करती हैं। ब्रह्मांड के नियम तो सरल हैं। आपके विचारों का कंपन लगातार अपनी दिशाएं बदलता रहता है। जब आप ब्रह्मांड को संदेश भेजते हैं तो आप भी कुछ समय बाद क्या पता, शायद, पता नहीं जैसे शब्दों का प्रयोग करके संदेह व्यक्त कर देते हैं और ब्रह्मांड ऊर्जा का प्रवाह रोक देता है। वहीं दूसरी ओर यदि आप अपने विचारों पर कायम हैं और तरंगों की ऊर्जा में प्रगाढ़ विश्वास रखते है तो ब्रह्मांड आपकी ओर सकारात्मक प्रतिक्रिया भेजना शुरू कर देता है। तब आपकी स्थिति व परिस्थिति चाहे कुछ भी हो और आपकी नकारात्मकता अत्यधिक हो तो भी आप इसे बदल कर अपने विचारों को आकार दे सकते हैं।

आपको यह बात अच्छी तरह समझ लेनी चाहिए कि ब्रह्मांडीय नियम ही आपके सपने को साकार कर सकते हैं। शर्त केवल यह है कि आप इस पर पूरी तरह से विश्वास करें। यदि आपने पूर्णतः विश्वास कर लिया तो सफलता आपकी राह देख रही है। आपके द्वारा की जाने वाली गलतियाँ ही इसकी असफलता का कारण बनेंगी। अतः ब्रह्मांड को तरंगें भेजने से पहले स्वयं को पूर्णतः तैयार करना होगा। आपको तरंगें ब्रह्मांड का सम्मान करते हुए पूर्ण आत्मविश्वास से भेजनी हैं। आत्मविश्वास से मतलब है कि आपको पूर्णतः स्पष्ट हो कि आपको क्या चाहिए। किसी भी प्रकार की नकारात्मक भावना आपके मन में न हो। जीवन सकारात्मकता बनी रहे, इसके लिए हमारे ऋषि–मुनियों ने

प्रकार के अभ्यासों को बताया है–

- प्राणायाम
- ध्यान

ये अभ्यास आपके जीवन में सकारात्मकता बनाने रखने में सहायक सिद्ध होंगे। यह अभ्यास सम्पूर्ण विश्व में अपनाए जाते हैं। अनेक महापुरुषों द्वारा इन अभ्यासों के माध्यम से कई अविश्वसनीय कार्य करके दिखाए गए हैं। यह अभ्यास मानसिक, शारीरिक व आध्यात्मिक स्वास्थ्य की कुंजी है।

प्राणायाम– आपके जीवित होने का साक्षात प्रमाण है, सांस लेना। जब से आपने जन्म लिया है, तब से लेकर आपकी मृत्यु तक आप निरंतर सांस लेते रहेंगे। जीवन में होश संभालने से लेकर आज तक सांस लेना एक सामान्य प्रक्रिया है, कोई बड़ी बात नहीं कि आज तक आपने कभी इस बात पर ग़ौर भी न किया हो कि हम सांस कैसे लेते हैं ? क्या सांस लेने के भी कुछ नियम हो सकते हैं या कुछ अभ्यास हो सकते हैं ? क्या सांस
ेने के अभ्यास मात्र से ही हम एक सर्वोत्तम जीवन पा सकते
आपने कभी सोचा है कि हमारे द्वारा ली जाने वाली सांस
ेन की कीमत क्या होती है ? क्या आपने कभी सोचा
छोड़ी जाने वाली सांस हमारे लिए प्राणवायु है?
भी हमारी सांसों की ही भूमिका होती है।
ियंत्रण के बिना हमारी प्रार्थनाएं, गीत व
ेषज्ञ तो व्यक्तियों की सांस लेने की
मनोस्थिति तक बता देते हैं। बीमार

होने पर जब हम डॉक्टर के पास जाते हैं तो सबसे पहले वे हमें स्टेथेस्कोप लगाते हैं और हमारी बीमारी का इलाज करते हैं।

प्राण या सांस का आयाम या विस्तार ही प्राणायाम कहलाता है। यह प्राण–शक्ति का प्रवाह कर व्यक्ति को जीवन शक्ति प्रदान करता है, दूसरे शब्दों में प्राणायाम प्राण अर्थात सांस आयाम यानी दो सांसों में दूरी बढ़ाना, श्वास और निःश्वास की गति को नियंत्रण करके रोकने व निकालने की क्रिया को कहा जाता है। साधारण शब्दों में कहें तो यह "श्वास पर नियंत्रण" है। श्वास को धीमी गति से गहरा खींचकर रोकना व बाहर निकालना प्राणायाम का अभ्यास है। श्वास खींचते समय मन में विचार करें कि सकारात्मकता प्राणवायु के रूप में हमारे श्वास के द्वारा अंदर जा रही है और श्वास छोड़ते समय यह भावना रखें कि आपकी सम्पूर्ण नकारात्मकता श्वास के साथ बाहर निकल रही है। आप जो सांस फेफड़ों में खींचते हैं, वह सिर्फ सांस नहीं है। उसमें ब्रह्मांड की ऊर्जा समाई रहती है। यह ब्रह्मांड की ऊर्जा ही तो है जो आपके शरीर को चला रही है व यह सम्पूर्ण शरीर को स्वस्थ रखने की ताक़त भी रखती है। हमारे ऋषि–मुनि कहते हैं कि प्राणायाम के द्वारा जिस मन का मैल धुल गया है, वहीं मन ब्रह्मांड में स्थिर होता है। स्वामी विवेकानंद इस विषय में कहते हैं कि प्राणायाम में सिद्ध होने पर हमारे लिए मानो अनंत शक्ति का द्वार खुल जाता है। जिस भी व्यक्ति की समझ में प्राण का यह विषय आ गया, वह उस पर विजय प्राप्त कर सकता है तो फिर संसार में ऐसी कोई शक्ति नहीं है जो, उसके अधिकार में न आए। ब्रह्मांड को वशीभूत करने की शक्ति प्राप्त करना ही प्राणायाम की साधना का लक्ष्य है।

प्राणायाम के समय निम्न सावधानियाँ आवश्यक हैं –

1. आपका इस पर विश्वास होना चाहिए।
2. प्राणायाम करने से पूर्व आपका शरीर अंदर व बाहर से शुद्ध होना चाहिए।
3. भूमि पर आसन बिछा कर बैठें।
4. बैठते समय आपके रीढ़ की हड्डी सीधी होनी चाहिए।
5. आप सुखासन, सिद्धासन, पद्मासन, वज्रासन किसी भी आसन में बैठ सकते हैं।
6. प्राणायाम करते समय मन व शरीर में किसी भी प्रकार का तनाव न रखें।
7. प्राणायाम करते समय अपनी शक्ति का दुरुपयोग न करें।

प्राणायाम कई प्रकार के होते हैं, हम मुख्यतः निम्न 7 प्राणायाम भी कर सकते हैं –

1. भस्त्रिका – श्वास को भीतर गहरा भरना व छोड़ना।
2. कपाल भाति प्राणायाम – श्वास को बाहर छोड़ना, न्यूनतम 5 मिनट।
3. बाह्य प्राणायाम – पूरी श्वास बाहर छोड़कर 3 बंध लगाना।
4. अग्निसार क्रिया – पूरी श्वास बाहर छोड़कर पेट को अंदर बाहर करना।
5. अनुलोम विलोम प्राणायाम –एक नासिका से श्वास लेना, दूसरी नासिका से छोड़ना, फिर दूसरी नासिका से श्वास लेना व पहली नासिका से छोड़ना।
6. भ्रामरी प्राणायाम – अंगूठों से कान बंद करना, पहली

उंगली ललाट पर बाकी तीन उंगलियाँ बंद आँखों पर रखकर श्वास लेना व नाक से श्वास ओम् की ध्वनि के साथ छोड़ना।

7. उद्गीथ प्राणायाम – गहरी श्वास भरकर मुँह से ओम् की ध्वनि के साथ श्वास छोड़ना।

प्राणायाम करने से आपके फेफड़ों, हृदय व मस्तिष्क तक ऑक्सीजन की पूरी मात्रा पहुँचती है, साथ ही शरीर की रोग प्रतिरोधक क्षमता भी बढ़ती है। मस्तिष्क के स्वस्थ होने पर सकारात्मक विचार उत्पन्न होने की तीव्रता बढ़ जाती है। प्राणायाम करने से तनाव कम होता जाता है और तनाव कम होने से विचारों में स्पष्टता आती है तथा विचारों की स्पष्टता हमारे नियम में बड़ी सहायक होती है।

ध्यान - चित्त को एकाग्र करके किसी एक वस्तु पर केन्द्रित कर देना ध्यान कहलाता है। ध्यान एक ऐसा अभ्यास है, जिसमें आप अपने मन की चेतना को एक विशेष अवस्था में ला सकते हैं। ध्यान का उद्देश्य आत्म शांति या किसी विशेष विषय में लाभ प्राप्त करना भी हो सकता है। ध्यान से अनेक प्रकार की क्रियाओं का बोध होता है। ध्यान में मन की शांति, आंतरिक जागरण, स्वयं में करुणा, प्रेम, धैर्य, उदारता, क्षमा आदि गुणों का विकास सब समाहित हैं। अलग–अलग संदर्भों में ध्यान के अलग–अलग अर्थ हैं। जैसे–

- ध्यान करने से आत्मिक व मानसिक शक्तियों का विकास होता है।
- ध्यान की अवस्था में आप अपने आस–पास के वातावरण

व स्वयं को भी भूल जाते हैं।

- ध्यान करने से आपके शरीर की रोग–प्रतिरोधक क्षमता बढ़ती है।
- रक्तचाप सही होता है।
- जीवन के तनाव में कमी आती है।
- स्मरण शक्ति बढ़ती है।
- मन शांत होने से रचनात्मक कार्यों में रुचि बढ़ती है।
- मस्तिष्क की कार्य क्षमता बढ़ती है।
- ध्यान करने से जीवन का उद्देश्य समझ में आने लगता है और इससे किसी भी कार्य के महत्व का सही ज्ञान होने लगता है।
- हमारे महापुरुषों द्वारा ध्यान के कई अभ्यास बताये गए हैं और जब–जब जिसने भी इन अभ्यासों को किया तब–तब उन सभी ने इसका लाभ प्राप्त किया है। लेकिन मुझे जिस अभ्यास से व्यक्तिगत रूप से लाभ हुआ वह है, एक विचार पर ध्यान केन्द्रित करना यानि की दृश्य कल्पना (Visualization)। इसके लिए उचित अवस्था में बैठकर गहरी सांस लें और धीरे–धीरे सांस को छोड़ते हुए ध्यान अपने विचार पर ले जाएं। आप अपनी सफलता का विचार लेकर ध्यान करते हुए उसको चरम तक महसूस करें। अपनी सफलता की छवि बनाएं तथा खुद के साथ इस छवि को महसूस करें। इसकी समय–सीमा आपके अभ्यास पर निर्भर है। शुरू में 5 मिनट से इसको प्रारंभ करें और धीरे–धीरे जब मन एकाग्र होने लगे तो इसे बढ़ाएं। इससे रहस्य की प्राप्ति में बड़ी सहायता मिलेगी। अभ्यास के अंत तक मन में दूसरा विचार न आने दें। धीरे–धीरे आपका

अभ्यास इतना सतत् होता जाएगा कि आपके ध्यान में देखे जाने वाली सफलता आपके जीवन में भी प्रवेश करने लगेगी।

ब्रह्मांड के नियम में विश्वास ही आपकी इच्छापूर्ति की प्रथम सीढ़ी है। यह कोई जादू नहीं है लेकिन जादू से कम भी नहीं है। यह आपके स्वयं पर विश्वास करने का परिणाम है। यह आपको महसूस करा देता है कि शक्तियाँ आपके भीतर ही हैं, आपको केवल विश्वास करके उन्हें एक–एक करके बाहर निकालना है। यह आपको सुख, शांति, समृद्धि, अपार धन संपदा, आनंद सब देगा। आप स्वयं में बदलाव महसूस करने लगेंगे। आप धीरे–धीरे अनुभवी और उदार होने लगेंगे। आपको अपने पुराने नकारात्मक विचारों की जगह सकारात्मक विचारों को स्थान देना होगा। उन बीजों की तरफ मत देखो जो सड़ व गल गए हैं और इसी प्रकार अपने नकारात्मक विचारों को मत सोचो बल्कि, उन बीजों को देखो जो अपने अस्तित्व की परवाह किए बिना मिट्टी में मिल गए और धरती का सीना चीरकर न केवल बाहर आये बल्कि लाखों लोगों को फल व छांव देकर खुशी महसूस करते हैं। यानी उन विचारों को अपनी मंजिल तक पहुँचाओं जिनमें कुछ करने का इरादा है। ईश्वर सभी बीजों को एक जैसा वातावरण, हवा, पानी देते हैं, लेकिन बढ़ता वही है जो अपना मूल स्वरूप मिट्टी में मिलाकर ऊँचाई पाने को तैयार होता है, वही विचार जो सकारात्मकता के साथ ब्रह्मांड को संदेश देता है और अपनी मंज़िल तय करता है।

जैसा कि मैंने पहले भी कहा था कि आप जो बड़े होने के दौरान

जो भी देखते हैं, सुनते हैं, वह सब सूचनाएं हैं। सूचनाएं ज्ञान में परिवर्तित होती हैं। ज्ञान बुद्धि में और हमारी बुद्धि विचारों को जन्म देती है। हमारे विचार से ही हमारी प्रगति संभव है। जिस दिन हमें पता चले कि हमारा जन्म कुछ बड़ा सोचने, पाने और सृजन करने के लिए हुआ है, उसी दिन से एक स्तर के लिए हमारी प्रगति प्रारंभ हो जाती है। हमारे विचार ही हमारी आदतें बनाते हैं। हमारी आदतें हमारा चरित्र बनाते हैं और हमारा चरित्र ही हमारा भविष्य बनाता है, इसलिए हमारे विचार उच्च, स्पष्ट व पवित्र होने चाहिए। ये पवित्र विचार जब ब्रह्मांड की तरंगों से मिलते हैं तो निराकार सफलता को आकार देते हैं।

"श्रीमद्‌भगवद गीता में लिखा है - कर्म प्रधान है। आप ब्रह्मांड को संदेश भेजकर निश्चित न हो जाएं। कर्म भी करते रहें।"

'श्री ब्रेंडा बार्नबी ने अपनी पुस्तक आकर्षण के नियम से आगे' में रहस्यों की प्राप्ति के नियमों की बहुत अच्छे ढंग से व्याख्या की है –

सरल बनें – उनके अनुसार अपनी सफलता प्राप्ति की इच्छा को स्पष्ट रूप से प्रकट नहीं कर पाने की वजह से ही आप सफलता व समृद्धि प्राप्त नहीं कर पा रहे हैं। ब्रह्मांड तो नकारात्मक समझता है और न ही सकारात्मक समझता है। ब्रह्मांड न तो विचार व्यक्त करता है न ही पलट कर कुछ कहता है, ब्रह्मांड तो शुद्ध ऊर्जा का प्रवाह है जो एक जैसी आवृत्ति वाली तरंगों के लिए प्रतिक्रिया प्रकट करता है। यदि आपका संदेश सुनिश्चित होगा तो आप प्रतिक्रिया भी सुनिश्चित ही पाएंगे।

जब आप बहुत स्पष्ट तरीके से अपनी बात रखेंगे तो धीरे–धीरे अपनी सफलता को साकार होते हुए देखेंगे। अपने संदेश को भ्रमित कर देने वाले अनावश्यक तथा निरर्थक शब्दजाल से बचें।

मन को शांत रखें - यह भी बहुत आवश्यक है कि जब भी आप ब्रह्मांड को अपना आग्रह प्रस्तुत कर रहे हैं तो मन एकदम शांत हो। आपके तनाव–मुक्त होने से ही ब्रह्मांड को तरंगों का आदान–प्रदान बड़ी आसानी से हो पायेगा।

आप तनाव के क्षणों में ध्यान योग का अभ्यास कर सकते हैं। उससे आपके संदेश में सरलता व स्पष्टता तो आयेगी ही साथ ही आपके आस–पास के माहौल में भी सकारात्मकता का प्रवाह होने लगेगा।

ब्रह्मांड का सम्मान करें - ब्रह्मांड में जो भी हम देख सकते हैं, जो कुछ भी है उनमें सभी में ऊर्जा होती है। ब्रह्मांड ने हम पर बड़ा उपकार किया है, जैसे हमें जल देकर, वायु देकर व पर्यावरण देकर आदि। इन सब में ऊर्जा विद्यमान है और जब हम इनका दोहन करते हैं तो कहीं न कहीं हम ब्रह्मांड की रचनात्मकता के साथ अन्याय कर रहे हैं व उसका अपमान कर रहे हैं। चाहे वह व्यर्थ पानी बहाना हो, पर्यावरण को नुकसान पहुँचाना हो या अन्न को फेंकना हो आदि। ब्रह्मांड हम सभी को जीवन–यापन करने के लिए बिना किसी भेदभाव के ब्रह्मांडीय ऊर्जा का भंडार प्रदान करता है। इस भंडार का यदि हम दोहन करते हैं तो हम ब्रह्मांड के ऋणी हो जाते हैं। यह ऋण हमें किसी न किसी रूप में चुकाना ही पड़ता है। ब्रह्मा द्वारा रचित

सृष्टि की सभी रचनाएं उसकी सभी प्यारी संतानों के उपयोग के लिए ही हैं, लेकिन उपयोग के लिए ही, न कि दुरुपयोग के लिए। साथ ही हर संतान की तरह आपका फर्ज़ बनता है कि जगत्पिता द्वारा दिए गए सृष्टि के वरदानों की रक्षा करें और इन्हें बढ़ाएं। इनका दुरुपयोग करने पर पहले तो ब्रह्मांड हमें चेतावनी देता है, यह चेतावनी किसी भी रूप में हो सकती है। यह आपके पड़ोसी द्वारा, माता–पिता द्वारा, शिक्षक द्वारा, मोबाइल के किसी संदेश के माध्यम से, सरकारी तंत्र के माध्यम से, अखबार के माध्यम से, टीवी के माध्यम से या अन्य किसी भी माध्यम से आप तक पहुँचती हैं, आपको आगाह करती हैं और चेताने के बाद भी यदि आप नहीं समझते तो जगत्पिता ब्रह्मा एक पिता की भांति हमें समझाने के लिए छोटे–छोटे दंड का भी प्रावधान करते हैं। हमें किसी भी रूप में उसकी कीमत चुकानी पड़ सकती है। वह चाहे किसी बीमारी के माध्यम से हो या पुलिस द्वारा काटे गये किसी चालान के माध्यम से हो। निःसंदेह ब्रह्मा अपनी रचना का अनादर नहीं होने देना चाहते।

इसका दुरुपयोग न करें – ब्रह्मांड के नियम से आपके जीवन की बड़ी से बड़ी समस्या को समाधान मिल सकता है चाहे वह परिवार से संबंधित हो, पैसे से संबंधित हो, स्वास्थ्य से संबंधित हो या किसी भी अन्य समस्या से संबंधित हो। ब्रह्मांड के लिए कोई समस्या बड़ी नहीं होती। नित्य प्रतिदिन हमारे जीवन में आने वाली अनावश्यक समस्याओं के लिए ब्रह्मांड का ध्यान आकर्षित न करें, न ही ब्रह्मांड की परीक्षा लेने का प्रयास करें। इसके लिए कोई समय निश्चित नहीं है, आप 24 घंटों में किसी भी समय इसको संदेश भेज सकते हैं। यह उसी तरह है

जिस तरह आप अपने पिता से अपने सपनों के बारे में व अपनी समस्याओं के बारे में कभी–भी बात कर सकते हैं।

पूर्ण विश्वास करें - आपने ब्रह्मा की मर्ज़ी से ही उसके द्वारा रचित सृष्टि में जन्म लिया है। आप बहुत किस्मतवाले हैं। आपको सृष्टि में जन्म देने वाले माता–पिता जब संबंध स्थापित करते हैं तो पिता के शरीर से जो तरल पदार्थ निकलता है, उसमें 10,00,000 बच्चे पैदा करने की क्षमता होती है। 9,99,999 रास्ते में ही खत्म हो जाते हैं। माँ के गर्भ तक एक ही पहुँचता है, वह आप हैं। ब्रह्मा ने आपको वहाँ तक पहुँचाकर जब अपना काम बखूबी कर दिया तो आप किस्मत का रोना क्यों रोते हैं। आप तो पैदा होने के साथ ही किस्मत लेकर पैदा हुए हैं, 10,00,000 में से 1 हैं, आप ब्रह्मा ने जो आपको दिया उससे बढ़िया कुछ भी नहीं हो सकता। ब्रह्मा ने कुछ उद्देश्यों को लेकर ही आपको चुना और आपमें बहुत–सी विशेषताएं भी दीं हैं, जो आपको औरों से अलग करती हैं। आपको तो केवल आपनी विशेषताओं को पहचानना है, बस। जब आप अपनी विशेषताएं पहचानने लग जाते हैं तो आपको यहाँ आने का उद्देश्य भी दिखने लग जाता है। ब्रह्मांड आपको देने में कोई भेद नहीं करता, वह आपको समान धूप, समान पानी, समान हवा आदि दे रहा है, फिर भी आप अपने आप में भेद क्यों करते हैं। जीवन की बदलती हुई परिस्थितियों में अविश्वास पैदा होना स्वाभाविक प्रक्रिया है। कोई भी पिता अपनी संतान की इच्छापूर्ति के लिए अपनी सम्पूर्ण पूंजी लगा देता है। एक पिता जब अपनी संतान को प्यार से हवा में उछालता है तो पिता के मन में यह होता है कि जो मुकाम मैंने हासिल किया, मेरी संतान उससे भी ऊपर

जाए, वहीं संतान के मन में भी यह भाव होता है कि चाहे मैं हवा में हूँ लेकिन मेरा पिता मुझे किसी भी परिस्थिति में गिरने नहीं देगा तभी तो, वह दोनों मुस्कराते रहते हैं। शायद यही आपके जीवन में समस्याओं के आने पर होता है, जब आप यह महसूस करते हैं कि आपके साथ कोई नहीं है, अब क्या होगा आदि। तब निश्चित रूप से जगत्पिता पर विश्वास रखें, वह है आपके लिए जो आपके हित में रचना कर रहा है। आपका शायद, क्या पता, यदि मेरी किस्मत ने साथ दिया तो हो सकता है जैसे विचार आपकी और ब्रह्मांड की तरंगों के बीच व्यवधान डालते हैं। जिस तरह एक पिता अपनी संतान का पूरा ख्याल रखता है, उसी तरह ब्रह्मांड भी आपका पूरा ध्यान रखता है। वह आपको कभी भूल नहीं सकता। बस आप ही उसे भूल जाते हैं, इसलिए विषम परिस्थिति में भी सम रहना आपकी सफलता को आकार देता है। स्वयं पर व ब्रह्मांड पर पूर्ण विश्वास करें।

वर्तमान में रहें – निश्चित रूप से ब्रह्मांड बहुत ही सरल व स्पष्ट भाषा को समझता है लेकिन, तरंगों को ग्रहण करने के अपने भी कुछ नियम हैं। ब्रह्मांड अपने नियमों को ही स्वीकारता है इसलिए आपको ब्रह्मांड को संदेश भेजते समय वर्तमानकाल, भूतकाल व भविष्यकाल का विशेष ध्यान रखना है। ब्रह्मांड अपने संदेशों में केवल वर्तमान काल को ही समझता है। यदि आप भूत व भविष्य के शब्दों का प्रयोग नहीं करेंगे तो ब्रह्मांड को भेजे जाने वाले संदेश बड़ी स्पष्टता के साथ आपकी सफलता को जल्दी ही आकार देंगे।

ब्रह्मांड को संदेश भेजने के बाद तुरंत ही आशा न करें कि अब

कुछ चमत्कार होगा। चमत्कार का होना आपकी धैर्य की परीक्षा भी है। जब आप जानते हैं कि चमत्कार होगा तो फिर इतनी आतुरता क्यों? मैं फिर कहूगां "धीरे–धीरे रे मना धीरे सब कुछ होय, माली सींचे सौ घड़ा ऋतु आये फल होय।" ब्रह्मांड आपकी सफलता पूरी तैयारी के साथ रचता है। जिस प्रकार माली पेड़ को पानी देना बंद नहीं करता और पेड़ ऋतु के अनुसार ही फल देता है, उसी प्रकार ब्रह्मांड आपको सफलता देता है। बस आपको उसे सकारात्मक विचारों की ऊर्जा देना बंद नहीं करना है। क्या आपने कभी पेड़ लगाने से पहले ही उससे फल मांगे हैं। क्या आपने कहा कि पहले फल दो फिर पानी दूंगा। ब्रह्मा ने अपनी सृष्टि की रचना करते समय ही तय कर दिया था कि आम के फल कितने समय में आने हैं। गेहूँ की फसल कितने समय में आनी है तो फिर निश्चित रूप से ब्रह्मांड ने अपने फल देने का भी समय तय कर रखा होगा और यह अलग–अलग सफलताओं के लिए अलग–अलग होगा। हमें तो बस अपना कार्य पूर्ण ईमानदारी और निष्ठा के साथ करना होगा। हो सकता है आपकी परिस्थितियाँ बहुत विकट हों, ऐसी स्थिति में ब्रह्मांड को संदेश भेजने की प्रक्रिया को कई भागों में बांट लें। गहरी लंबी सांस लें, मन को शांत करें और जो सबसे ज़्यादा आवश्यक है, उस संदेश को पहले भेजें। आपके मन की शांति और स्पष्टता आपके काम को और सरल कर देगी।

ब्रह्मांड का नियम है कि वह हर पल आपके जीवन को बना रहा है। ब्रह्मांड के नियम पर इस बात से कोई फर्क नहीं पड़ता कि आप कौन हैं, कहाँ रहते हैं, आप की उम्र कितनी है, आपका रंग कैसा है, आपकी लंबाई कितनी है, आप कितने पढ़े–लिखे हैं आदि बातों का कोई प्रभाव नहीं पड़ता। ब्रह्मांड का नियम

आपके जीवन को गढ़ रहा है। यह नियम आपके विचारों से सदैव सक्रिय रहता है। ब्रह्मांड को सकारात्मक संदेश भेजने के बाद जब सफलता मिल जाती है तो आपके दिमाग में सफलता कहीं चली न जाए, इन विचारों का जन्म होने लगता है। शायद, हो सकता है नकारात्मक विचार मन में आने लगते हैं और आप अनजाने में ही ब्रह्मांड को इस तरह के संदेश भेजने लग जाते हैं। इसका परिणाम यह होता है कि आई हुई सफलता असफलता में बदलने लग जाती है और आपका डर खत्म हो जाता है इसलिए आप पुनः उसी स्थिति में आ जाते हैं क्योंकि यही तो रहस्य है "आपके विचारों पर प्रतिक्रिया करना"।

जो भीतर है, वही बाहर भी है। ब्रह्मांड का नियम कहता है कि समान विचार वाली तरंगें समान विचारों की तरंगों को ही आकर्षित करती हैं। जैसा विचार आपके मन में चल रहा है, उसी प्रकार का विचार बाहर से आकर्षित हो रहा है। आपके द्वारा सोचा गया खराब विचार आपकी स्थिति और खराब बना देता है।

आप याददाश्त के दौरान इस बात को महसूस कर सकते हैं। जब आप बड़े ध्यान से कोई पढ़ाई कर रहे होते हैं या कुछ सुन रहे होते हैं तो आप अपना पूरा ध्यान उस पर केन्द्रित कर लेते हैं, हमारे विचारों की ऊर्जा पढ़ने या सुनने वाली ऊर्जा से मिल जाती है। जो भीतर है वही बाहर है और वह हमें बड़ी आसानी से याद हो जाता है।

आपके विचार आपका भविष्य बना रहे हैं, इसका सीधा मतलब

है कि आपने पहले जो विचार किए, उसकी वजह से आप अपना वर्तमान जी रहे हैं। आप अपने आस–पास के व्यक्ति और वस्तुओं को देखकर आसानी से अंदाज़ा लगा सकते हैं कि आप क्या हैं और आपके विचार ब्रह्मांड को कैसे संदेश भेजते हैं, क्योंकि जैसे आप संदेश भेजते हैं वैसी ही वस्तुएं और व्यक्ति आपको मिलना प्रारंभ हो जाते हैं। जिस तरह से गुरुत्वाकर्षण का नियम है कि सभी ऊपर की ओर फेंकी हुई वस्तुएं नीचे आती हैं, उसी प्रकार ब्रह्मांड का भी नियम है कि हर भेजा हुआ विचार पुनः अपने मूल स्रोत पर लौटकर आता है। जब आप विचार करते हैं तो आपके विचार ऊर्जा के रूप में ब्रह्मांड तक जाते हैं और समान विचारों वाली तरंगों को आकर्षित करते हैं और पुनः आप तक लौट कर आते हैं। यदि आपको एक सादे कागज़ पर एक बिन्दु लगा कर दिखाया जाए और पूछा जाए कि यह क्या है तो आप कहेंगे कि बिन्दु है, डॉट है या एक काला निशान है आदि, लेकिन शायद ही आपमें से कोई उस सफेद कागज़ के बारे में बात करेगा कि कितना साफ कागज़ है। यही कारण है कि आप रहस्य को जानते हुए भी समस्याओं का जीवन जी रहे होते हैं। यह स्वभाव सा बन गया है कि जो अच्छा है, उसकी बात न करके जो कमी है उसकी बात की जाती है। इसको आप अपने साथियों में भी महसूस कर सकते हैं। क्योंकि हम इसे मानव स्वभाव भी कहते हैं लेकिन कहते समय यह भूल जाते है कि यह स्वभाव भी हमने ही बनाया है क्योंकि हम ही मानव हैं और जब हम स्वभाव बना सकते हैं तो हम ही स्वाभाव बदल भी सकते हैं। ब्रह्मांड अपने नियम पर बड़ा सरल है, यह नहीं जानता कि आप क्या नहीं चाहते, यह तो केवल आपके विचारों की ऊर्जा को समझता है तथा यह अपने नियम पर तटस्थ है,

आपके विचार आपका भविष्य बना रहे हैं। यदि आप किसी के बारे में लिख रहे हैं तो आपके विचार ब्रह्मांड को ऊर्जा भेज रहे हैं। अब आप तय कर लें कि आप क्या लिख रहे हैं और आपके लिखने के दौरान आपने कौन–सी ऊर्जा ब्रह्मांड तक भेजी–सकारात्मक या नकारात्मक। यदि आप अख़बार पढ़ रहे हैं या ख़बर सुन रहे हैं तो आप कौन–सी ख़बरों पर ध्यान केन्द्रित कर रहे हैं, चिन्ता व्यक्त कर रहे हैं या खुशी जो आप महसूस कर रहे हैं, वही संदेश आप ब्रह्मांड तक भेज रहे हैं और जो भेज रहे हैं वही वापस लौट के आता है। ब्रह्मांड का नियम कहता है, जो बोओगे, वही काटोगे। यदि आपने आम का पेड़ लगाया तो आम मिलेंगे और कांटों का पेड़ लगाया तो कांटे। एक आम का पेड़ लगाओगे तो बहुत सारे आम मिलेंगे और एक कांटे का पेड़ लगाओगे तो बहुत सारे कांटे मिलेंगे।

"एक डॉक्टर को उनके मानवता के कल्याण के लिए किये गये कार्यों के लिए पुरस्कार दिया जाना था, अतः उनको दिल्ली बुलाया गया। डॉक्टर ने नियत समय पर अपने शहर से हवाई जहाज़ में यात्रा प्रारंभ की और थोड़ी देर बाद ही जहाज़ के कैप्टन ने ऐलान किया कि तूफानी बारिश और बिजली की वजह से जहाज़ का रेडियो सिस्टम ठीक से काम नहीं कर रहा है इसलिए हम नज़दीकी एयरपोर्ट पर उतरने के लिए मजबूर हैं। डॉक्टर ने जहाज़ के कैप्टन से शिकायत की तो कैप्टन ने कहा कि आप यहाँ से टैक्सी लेकर केवल 4 घण्टे में दिल्ली पहुँच सकते हैं। डॉक्टर ने टैक्सी की और दिल्ली के लिए रवाना हो लिए। लेकिन थोड़ी ही देर में आंधी, तूफान, बिजली, बारिश ने गाड़ी का चलना मुश्किल कर दिया, फिर भी ड्राइवर लगातार

चलता रहा, थोड़ी देर में ड्राइवर को यह समझ आ गया था कि वह रास्ता भटक गया है। जब यह बात डॉक्टर को पता चली तो वह बहुत नाराज़ हुए। फिर उन्होंने कहा, कि अब बहुत देर हो गई है परेशान होते हुए, कहीं तो रुको। ड्राइवर को एक छोटे से घर में रोशनी दिखाई दी। वह वहाँ पहुँचा तो डॉक्टर ने दरवाज़ा खटखटाया, अंदर से आवाज आई–जो कोई भी है अंदर आ जाओ, दरवाजा खुला है। अंदर एक बुढ़िया सुंदरकांड कर पाठ कर रहीं थी। डॉक्टर ने कहा, माँ जी बहुत भूख लगी है, कुछ खाने को मिलेगा ? बुढ़िया ने एक डिब्बे की तरफ इशारा करते हुए कहा कि उस डिब्बे में सत्तू रखा है पानी में घोल कर पी लो। इस दौरान डॉक्टर ने देखा कि बुढ़िया पाठ करते–करते कंबल में लिपटे एक बच्चे को हिला भी रही थी। डॉक्टर ने पूछा, माँ जी यह बच्चा कौन है और आप इसे बार–बार क्यों हिला रही हैं ? बुढ़िया ने जवाब दिया, यह दो साल का बच्चा मेरा पोता है। इसके माता–पिता अब इस दुनिया में नहीं हैं। इसको एक गंभीर बीमारी है, यहाँ के डॉक्टरों का कहना है कि इसकी बीमारी का इलाज केवल डॉ. रघुनाथ ही कर सकते हैं। लेकिन मैं गरीब व बूढ़ी होने के कारण डॉक्टर रघुनाथ तक नहीं पहुँच सकती हूँ। इतने बड़े डॉक्टर के पास लेकर जाऊँ भी तो पता नहीं वह देखने को राज़ी भी हों या नहीं। बस अब हनुमान जी से यही मांग रही हूँ कि वह मेरी मुश्किल आसान कर दें। डॉक्टर की आँखों से आसुओं का सैलाब बह निकला।

वह भर्राई आवाज़ में बोले, माँ जी आपकी प्रार्थना ने हवाई जहाज को नीचे उतार लिया, आसमान पर बिजलियाँ

कौंधा दीं, मुझे रास्ता भुलवा दिया, ताकि मैं यहाँ तक खिंचा चला आऊँ, हे हनुमान! मुझे विश्वास ही नहीं हो रहा है कि आप एक प्रार्थना स्वीकार कर अपने भक्तों के लिए इस तरह भी मदद कर सकते हैं।

ब्रह्मांड का भी नियम है कि हर भेजा हुआ विचार पुनः अपने मूल स्रोत पर लौटकर आता है।

कभी–कभी आपके जीवन में ऐसा दिन भी आता है, जब आप सुबह उठने के साथ ही चिड़चिड़ा होने लगते हैं। सुबह की यह चिड़चिड़ाहट आपको पूरे दिन तनाव में रखती है। दरअसल आपने सुबह–सुबह के गलत विचारों का संदेश ब्रह्मांड को भेज दिया है और आपका बाकी का दिन उसकी प्रतिक्रिया मात्र ही है। इसको बदलने के लिए आप तुरंत अपने विचारों को बदलकर ऊर्जा को अन्य सकारात्मक कार्यों में काम लेना प्रारंभ कर दें। जैसे ही आप अपने विचारों को बदलेंगे वैसे ही तरंगों को संदेश मिलना शुरू हो जाएगा और आपका दिन बदलने लगेगा।

ब्रह्मा ने आपको एक स्वस्थ मस्तिष्क प्रदान किया है, लेकिन विचार तो आपको ही प्रदान करने हैं। आपके द्वारा व्यक्त किया गया। प्रत्येक विचार आपका व्यक्तित्व तय कर रहा है। जो सब्र के साथ इंतजार करते हैं, ब्रह्मांड उनकी सफलता की गारंटी देता है, क्योंकि विश्वास पाने के लिए विश्वास करना पड़ता है। ब्रह्मांड के पास अपार भंडार है, आपको यह सोचने की ज़रूरत नहीं है कि ब्रह्मांड क्या दे सकता है, कितना दे सकता है और कैसे देगा ? आप केवल इस बात को समझ लें कि ब्रह्मांड को

एक के लिए भी वही सकारात्मक तरंगें भेजनी हैं और ज़्यादा के लिए भी वही, प्रक्रिया तो एक ही है। आपका सवाल यह भी हो सकता है कि ब्रह्मांड को संदेश भेजने के बाद प्रतिक्रिया आने में कितना समय लगेगा, ब्रह्मांड आपके लिए समय–सीमा तो नहीं तय कर सकता, लेकिन कई मायनों में तो यह तत्काल भी कार्य करता है और कई मायनों में थोड़ा समय भी ले लेता है, यह आपकी तरंगों का ब्रह्मांड की तरंगों से मिलने का मामला है।

पंख किसी भी पक्षी की पहचान होते हैं क्योंकि पंख के बिना पक्षी का महत्व ही नहीं है ? आप पंखहीन पक्षी की कल्पना भी नहीं कर सकते। पक्षी की लक्ष्य–सिद्धि बिना पंखों के नहीं हो सकती है। पंख और उड़ान का सामंजस्य ही पक्षी को पहचान देते हैं। उड़ान की सफलता पंखों के सौंदर्य पर नहीं, उनके सामर्थ्य पर निर्भर करती है। ठीक उसी प्रकार विचारों के बिना मनुष्य अपने जीवन की कल्पना भी नहीं कर सकता। मनुष्य के जीवन की लक्ष्य–सिद्धि विचारों के बिना नहीं हो सकती है। विचारों के साथ सकारात्मकता का सामंजस्य ही मनुष्य को पहचान देते हैं। मनुष्य की सफलता केवल विचारों की सकारात्मकता पर निर्भर करती है। केवल विचारों को पढ़ने से ही बदलाव नहीं आता, बदलाव के लिए विचारों को ऊर्जा में परिवर्तित करना पड़ता है। ज़िंदगी के प्रति हमारा नजरिया हमारे प्रति ज़िंदगी के नज़रिये को निर्धारित करता है।

यह भी तय है कि आप आस–पास जो भी चीजें देख रहे हैं, वह सब किसी न किसी के विचारों का ही परिणाम है। चाहे वह बहुत छोटी चीज हो या बड़े से बड़ा आविष्कार। जब वैज्ञानिकों

के मन में कोई विचार आया तो उन्होंने उस विचार को साकार कर दिखाया। विचार ही इस दुनिया को आकार देते हैं और इसे बेहतर से और भी बेहतर बनाते हैं। आप के द्वारा गंभीरता पूर्वक किया गया विचार ही आपकी उन्नति कर सकता है, चाहे विचार कितनी बड़ी सफलता का क्यों न हो। आप अक्सर साधारण से साधारण कर्मचारियों को धनी बनते देखते या सुनते होंगे, यह उनके दृढ़ व संकल्पित विचारों का ही परिणाम है। सफलता का विचार सभी करते हैं, लेकिन सफलता के लिए जो विचारों की शक्ति को काम में लेता है, वही सफल बन पाता है।

श्रीमद्‌भगवदगीता में योगेश्वर कहते हैं कि –"जो मनुष्य मुझे जिस प्रकार भजता है यानी इच्छा से मेरा स्मरण करता है, उसी के अनुरूप मैं उसे फल प्रदान करता हूँ।"

आपके मस्तिष्क में उपजी कोई भी छोटी या बड़ी बात, सोच या महत्वाकांक्षा एक विचार ही तो है। विचार सूक्ष्म होते हैं व अदृश्य होते हैं। संसार के सभी पदार्थ तथा वस्तुओं की रचना विचारों का ही परिणाम है।

स्वामी विवेकानंद कहते हैं कि "मन में अच्छे विचार लाएं। उसी विचार को अपने जीवन का लक्ष्य बनाएं। हमेशा उसी के बारे में सोचें, सपने देखें। यहाँ तक कि उसके लिए हर क्षण जिएं। आप पाएंगे कि सफलता आपके कदम चूम रही है।"

मूलतः विचारों को दो भागों में बांटा जाता है –

सकारात्मक विचार - इन्हें आप अच्छे विचार भी कह सकते हैं। वह विचार जो आपको प्रसन्नता से भर देते हैं और आपको लगातार कुछ नया व बड़ा करने के लिए उत्साहित करते हैं, ऐसे विचार सकारात्मक विचार कहलाते हैं। यह विचार न केवल आपके स्वास्थ्य के लिए बहुत अच्छे होते हैं बल्कि, इन विचारों से आपको प्यार, खुशी, उत्साह, ऊर्जा व संतुष्टि भी मिलती है। सकारात्मक विचार हमारे जीवन में सुख, समृद्धि, आनंद बढ़ाते हैं।

नकारात्मक विचार - इन्हें आप बुरे विचार भी कह सकते हैं। वे विचार आपके जीवन में अशांति लाते हैं। जो विचार क्रोध अशांति और असंतुष्टि की भावना पैदा करते हों, जीवन को नीरस बनाते हों, जीवन में तनाव देते हों, जीवन में दुःख लाते हों, ऐसे विचार नकारात्मक विचार कहलाते हैं। ये विचार शारीरिक व मानसिक स्वास्थ्य के लिए बिल्कुल अच्छे नहीं होते हैं। आप इन विचारों से हर परिस्थिति में दूर ही रहें।

मानसिक चित्रण - जब आप ब्रह्मांड को संदेश भेजते हैं तो उसके साथ ही उन संदेशों के मानसिक चित्रण (visualization) को देखना प्रारंभ कर देना चाहिए। मस्तिष्क चित्रण विज्ञान की तकनीक है, जो मस्तिष्क में चल रही सारी मानवीय क्रियाओं व शारीरिक स्थितियों का भविष्य तय करने के लिए उपयोग में लाई जाती हैं। ऐसा करने से आपको प्रतीत होगा कि वे सफलताएं जिनके लिए आप ब्रह्मांड को संदेश भेज रहे हैं, वे वर्तमान में भी आपके पास ही हैं। आपका मस्तिष्क सभी मानवीय

क्रियाओं का केन्द्र होता है। आपके द्वारा सफलता के मानसिक चित्रण देखे जाने पर आपके मस्तिष्क की सक्रियता बढ़ जाती है, उसकी ऊर्जा ब्रह्मांडीय तरंगों के प्रवाह से मिलने लग जाती है, धीरे–धीरे आप महसूस करते हैं कि ब्रह्मांड आपके मानसिक चित्रण में देखी गई तस्वीरों को वास्तव में आप तक भेजना प्रारंभ कर देता है।

सफलता शक्ल देखकर कदम नहीं चूमती।
सफलता विचारों की दृढ़ता की दीवानी होती है।

आप कई बार यह भी सोच सकते हैं कि जिन्होंने बड़े–बड़े काम किए, उनका दिमाग कुछ अलग ही होता है और उनकी पढ़ाई भी अलग ही होती है। निश्चित रूप से पढ़ाई का अपना महत्व तो होता ही है, लेकिन आप यह भी देख सकते हैं कि इनमें से बहुत से लोग बहुत कम पढ़े–लिखें भी हैं। उन्होंने ब्रह्मांड के रहस्य को बहुत अच्छी तरह समझा और इस रहस्य को समझते हुए अपने मानसिक चित्रण (visualization) को वास्तविक चित्रण में बदला। इन सभी ने उस मानसिक चित्रण में स्वयं को महसूस करते हुए अंतिम परिणाम तक ध्यान दिया। निश्चित रूप से इन सभी सफल लोगों ने पहले ही दिन से सफलता के अंतिम लक्ष्य का मानसिक चित्रण देखकर ब्रह्मांड पर अपना विश्वास और प्रगाढ़ किया, जिसका परिणाम हम देख सकते हैं।

"ब्रह्मांड के नियम को कोई भी नहीं बदल सकता,
आपके पास केवल एक ही रास्ता है कि खुद को बदलो।"

सपनों का चित्र – अपने सपनों को चित्रों के रूप में सजा कर एक ऐसा बोर्ड बनायें जो आपको नित्य प्रतिदिन प्रेरणा दे। यह एक बाहरी प्रक्रिया है जो आपकी छिपी हुई इच्छाओं को खुल कर व्यक्त करने का न केवल मौका देता है बल्कि, उन्हें साकार भी करता है। यह ड्रीम बोर्ड आपके जीवन की राह को तय करने में आंतरिक रूप से बहुत शक्तिशाली होता है। यह ड्रीम बोर्ड ऐसी जगह लगाया जाए जहाँ आप इसे हर दिन हो सके तो दिन में 2–4 बार देखें। जब आप सकारात्मक इरादों व प्रेरित करने वाले लक्ष्यों को लेकर कृतज्ञता के साथ ड्रीम बोर्ड बनाते हैं तो, आप आपने जीवन में एक प्रेरित रणनीति और लक्ष्य की स्थापना कर रहे होते हैं। आप बोर्ड पर अपने जीवन की विभिन्न सफलताओं को विभाजित करते हुए चित्रों, शब्दों व उद्धरणें (quotation) को स्थान दें। इसमें आपके द्वारा बनाई गई तस्वीरें, पत्र–पत्रिकाएं या ऑनलाइन प्राप्त चित्र भी हो सकते हैं। बोर्ड के लिए आप केनवास, थर्माकॉल या बड़ी ड्राइंग शीट भी चुन सकते हैं। बोर्ड आपके बड़े विज़न को प्रदर्शित करने के लिए थोड़ा बड़ा तो होना ही चाहिए। आप खुली आँखों से जो भी सपना देखते हैं, इसका मतलब है कि आप इसे कर सकते हैं। अपने सपनों की वास्तविकता को आपनी वास्तविकता बनाने का रहस्य केवल ब्रह्मांड के पास ही है। आप इसके पूर्णतः हकदार हैं, इसलिए अपने सपनों को पूर्ण ऊर्जा और उत्साह के साथ अपने ड्रीम बोर्ड पर स्थान दें। आप इसे नियमित देख सकें, इसके लिए आप इस बोर्ड का फोटो लेकर उसे अपने मोबाइल या कम्प्यूटर पर स्क्रीनसेवर के रूप में उपयोग करें। अपने ड्रीम बोर्ड के साथ दिनभर में कुछ समय अवश्य बिताएं

तथा उस पर स्थित चित्रों, शब्दों और कोटेशनों के साथ खुद को जोड़ते हुए अनुभव करें कि जैसे यह सब आपने पा लिया है। आप अपने ड्रीम बोर्ड के साथ बिताये जाने वाले समय के साथ तेज़ी से अपने लक्ष्यों को वास्तविकता में प्रकट कर सकेंगे।

आप हमेशा ध्यान वहीं केन्द्रित करें जो आप चाहते हैं, न कि वहाँ जो आप नहीं चाहते, क्योंकि ऊर्जा आपके विचारों का पीछा करती है। ऊर्जा का प्रवाह वहीं होगा जहाँ आपका ध्यान केन्द्रित होता है चाहे वह आपकी पसंद हो या नापसंद। यदि आप किसी पर गुस्सा भी कर रहे हैं तो भी ऊर्जा का प्रवाह तो निरंतर हो ही रहा है। ब्रह्मांड का यही नियम जब आप कोई विरोध कर रहे होते हैं तो भी लागू होता है। आप विरोध करके विरोध के विचारों की तरंगें ब्रह्मांड तक पहुँचा रहे हैं,यह जब स्रोत तक लौटकर आएगी तो आपको क्या मिलेगा, यह आप समझ ही गए होंगे?

जिसकी जैसी सोच, वह वैसी कहानी रखता है।
कोई परिंदों के लिए बंदूक, तो कोई पानी रखता है।

जब आप पैदा होते हैं तब से लेकर मरने तक आपको यह कोई नहीं बताता कि आपके जीवन का उद्देश्य क्या है ? आपके जीवन को उद्देश्य आपके विचार ही देते हैं। आपके जीवन में मनचाही खुशियां भरने के अवसर केवल आपके पास हैं। आप सदैव इस बात के लिए आभारी रहें कि आप यहाँ तक पहुँचे। आप का आज से पहले का जीवन कैसा रहा, इससे कोई फर्क नहीं पड़ता। आज से जीवन की सभी खुशियां आपका इंतजार

कर रही हैं। यह भी बड़ी अजीब बात है कि खुशी की परिभाषा सभी के लिए अलग–अलग होती है। कई बार तो लोगों को यह भी पता नहीं होता कि उनको खुशी कहाँ मिलेगी ? लेकिन जब पता लग जाता है कि आपकी खुशी किसमें है तो धीरे–धीरे आप खुशी के प्रति समर्पित होने लग जाते हैं और ब्रह्मांड का नियम कहता है कि जिस चीज़ पर ध्यान केन्द्रित करोगे, वह बढ़ेगी इसलिए आप अभी इसी क्षण से खुश होना शुरू कर दें। इसे महसूस करना शुरू कर दें। जब आप खुश रहेंगे तो खुशी ही बांटेंगे क्योंकि ब्रह्मांड का नियम है, जिसके पास जो होगा वह वही बांटेगा। जब आप खुशी बांटना शुरू कर देते हैं तो लौट कर खुशी ही आएगी क्योंकि ब्रह्मांड का नियम है, हर भेजी हुई वस्तु अपने स्रोत पर लौटकर आती है। यह कई गुना होकर लौटती है क्योंकि यहाँ फिर से ब्रह्मांड का नियम काम करता है कि जो बोओगे वही कई गुना होकर मिलेगा यानी जो भेजोगे वह कई गुना होकर वापस आयेगा। यदि आप खुश रहना और खुशी बांटना सीख गए तो आप रहस्य तक पहुँच जाएंगे, यही जीवन का रहस्य है क्योंकि खुशी एक मानसिक या भावनात्मक स्थिति है, जिसे सकारात्मक या सुखद भावनाओं के बीच से लेकर गहरे आनंद तक परिभाषित किया जा सकता है। खुशी आनंद की एक अवस्था है। यदि आप इस स्थिति में रहने के लिए अपने–अपने विचारों को प्रशिक्षित करते हैं तो धीरे–धीरे आप खुश रहना सीख जाएंगे। खुशी के लिए सबसे महत्वपूर्ण है, आपका वर्तमान में जीना। आप चाहकर भी खुशी को बाहर खोज नहीं पाएंगे। इसे तो केवल अंदर से ही महसूस किया जा सकता है। आपके अंदर प्रकट होने वाले विचार ही दरअसल आपकी खुशी का कारण हैं, वही ब्रह्मांड को दिए गए आदेश

हैं क्योंकि ब्रह्मांड का नियम है तथास्तु ! आपके विचारों की तरंगों से आप सभी असंभव कार्यों को संभव होता देख सकते हैं। जैसे–जैसे आपके सकारात्मक विचार ब्रह्मांड की यात्रा करते हैं, वैसे–वैसे आपको यह समझ में आने लगता है कि ***ज़िंदगी ज़िंदाबाद*** कैसे कहते हैं, चाहे आप किसी भी क्षेत्र में कार्यरत हों। जैसे–जैसे आप अपने भीतर छुपे इस रहस्य तक पहुँचना शुरू करते हैं, वैसे–वैसे आपके जीवन में आनंद की बारिश होनी शुरू हो जाती है।

आपकी यह सिद्धि ही सिद्ध कर देती है कि आप इस ब्रह्मांड के सबसे शक्तिशाली चुम्बक हैं, सबसे शक्तिशाली ! आप महसूस कर सकते हैं कि आप इस ब्रह्मांड में सबसे अनूठे हैं, आप जैसा कोई नहीं, न शक्ल में और न ही आपके जीने के अंदाज में। आप गुणों की खान हैं। ब्रह्मा ने सृष्टि का निर्माण किया तो इन सब बातों को सबसे ज्यादा ध्यान में रखा था कि कोई भी दो लोग एक जैसे नहीं होंगे। जो आपके पास होगा, वह किसी के पास नहीं होगा। लेकिन समस्या शुरू होती है तब, जब आप स्वयं को कमज़ोर व दूसरों को अपने से बेहतर समझने लगते हैं और जब आप स्वयं को पहचान जाते हैं तो समस्या का अंत हो जाता है। आप जगत्‌पिता ब्रह्मा की संतान हैं, और संतान होने कारण उनके द्वारा बनाई गई हर चीज के आप ही असली हकदार हैं।

जब आप पैदा होते हैं तो सबसे ज़्यादा क्या मिलता है, प्यार ! आपका इस दुनिया में आना भी प्यार का ही परिणाम है। जब आप छोटे होते हैं तो सभी लोग आपको प्यार करते हैं

और आप भी सभी लोगों को। उस समय आपका जीवन सबसे अच्छा जीवन होता है। आज हर कोई चाहता है कि वह वापस से बच्चा बन जाए, ऐसा क्यों होता है ? ऐसा इसलिए होता है कि उस समय आपके पास केवल एक ही चीज़ रहती है और वह है "प्यार"। आपका नज़रिया सभी के प्रति बड़ा निश्छल व सरल होता है और आपकी समझ के साथ आपका नज़रिया लोगों के प्रति बदलने लगता है। दो तरह के लोग होते हैं, पहले वह जो आपको अच्छे लगते हैं और दूसरे वह जो आपको अच्छे नहीं लगते। आपका नज़रिया भी दो तरह का हो जाता है, सकारात्मक और नकारात्मक। जैसे–जैसे जीवन में प्यार कम होता जाता है, नकारात्मकता बढ़ती जाती है। ब्रह्मा द्वारा रचित सृष्टि का आधार है प्यार और ब्रह्मांड के नियमों का आधार भी प्यार ही है। जहाँ जीव है वहाँ जीवन है और जहाँ जीवन है वहाँ प्यार है। सही बात तो यह है कि जीव व जीवन का आधार भी प्यार ही है। जहाँ प्यार है, वहीं सृजन है। बिना प्यार के सृजन संभव ही नहीं। बिना प्यार के सृष्टि शून्य की ओर बढ़ने लगेगी। प्यार एक अहसास है। प्यार में विचारों का समावेश होता है। प्यार खुशी की ओर अग्रसर करता है। प्यार शब्द में ही जादू है। प्यार एक ऐसा शब्द है, जिसे सुनकर ही अच्छा महसूस होने लगता है। प्यार शब्द में ही सकारात्मक ऊर्जा है जो हमें मानसिक व आंतरिक खुशी प्रदान करती है। आपका पहला प्यार तो माँ और पिता ही होते हैं, उसके बाद आप किसी वस्तु, जीव, कार्य या लक्ष्य से प्यार करते हैं। जिसके साथ आप निजी रूप से जुड़ाव महसूस करते हैं, उससे आप प्यार कर सकते हैं। आपको इस दुनिया में दिखने वाली सभी वस्तुएं प्यार का ही परिणाम हैं जो मनुष्य के द्वारा बनाई गई है,

वह भी प्यार का परिणाम है (सूई से लेकर हवाई जहाज़ तक जो भी है वह सब) और जो ब्रह्मा के द्वारा बनाई गई, वह भी ब्रह्मा का अपनी संतान के प्रति प्यार का ही परिणाम है।

आप एक बार सोचकर देखें कि प्यार के बिना यह सृष्टि कैसी होगी ? यह प्यार की ही तो शक्ति होती है जो आपकी जिम्मेदारियां तय करती है, अपने काम के प्रति, अपने परिवार के प्रति, अपने समाज के प्रति, अपने देश के प्रति आदि। यह भी प्यार की शक्ति होती है जो आपको अपने आप से जोड़े रखती है, किसी भी शौक के साथ। यह प्यार कहीं बाहर से नहीं आता है, आपके अंदर ही समाया हुआ है, यही रहस्य है। जब आप प्यार की सकारात्मक शक्ति से प्यार करते हैं तो जीवन में आनंद बढ़ने लगता है और जीवन में समस्याओं का कारण भी प्यार की नकारात्मकता होता है। प्यार एक अदृश्य ऊर्जा है। आप जिन चीज़ों को प्यार करते हैं, उन्हें जीवन में लाना चाहते हैं और जिन्हें प्यार नहीं करते, उन्हें जीवन में नहीं लाना चाहते हैं।

यह बड़ी विडंबना है कि ज़्यादातर लोग जिन चीजों को चाहते हैं, उनकी जगह ज़्यादातर समय उन पर बात करते हैं, जिन्हें वे पसंद नहीं करते तो इसका परिणाम यह होता है कि उनके जीवन में वह सब घटित होने लग जाता है जो वह नहीं चाहते। यह चाहे किसी अखबार को देखकर किसी नकारात्मक घटना की चर्चा हो या टीवी देखकर या फिर अपने मित्रों व रिश्तेदारों के साथ की गई नई नकारात्मक चर्चा ही क्यों न हो। जब आपको इनसे प्यार ही नहीं तो फिर चर्चा भी क्यों? स्वास्थ

कैसे ख़राब होता है, इसकी जगह स्वास्थ कैसे बेहतर होता है की चर्चा की जाए। आपके साथ दिन भर में होने वाली अच्छी घटनाओं की चर्चा की जाए। जिन चीज़ों से आप प्यार करते हैं, उनकी चर्चा की जाए। देश में हो रहे अच्छे कार्यों की चर्चा की जाए। आपके द्वारा की गई नकारात्मक चर्चाओं से आप सफलता की एक सीढ़ी उतरते हैं, यदि आप फिर भी जारी रखते हैं तो एक और सीढ़ी नीचे उतरते हैं। प्यार में वह शक्ति होती है कि वह आपको बंधनो से मुक्त कर सफलता की सीढ़ी चढ़ाता है। यह ब्रह्मांड आपके विचारों के अनुसार आपका भविष्य बना रहा है। आप अपने विचारों को प्यार से लबालब रखें। जब आप प्यार से भरे होंगे तो आप महसूस करेंगे कि आपके आस–पास भी आपसे प्यार करने वाले लोग रहते हैं। ये आपके परिवार, पड़ोसी, ऑफिस के साथी या अन्य कोई भी हो सकते हैं। प्यार की कमी से आपका स्वभाव बदलने लगेगा। इसी का परिणाम होगा कि आपके आस–पास भी नकारात्मक लोग आने लगेंगे, जिनको इस प्यारी दुनिया में हर किसी से समस्या है, चाहे वह आपका परिवार हो, पड़ोसी हो, ऑफिस हो या अन्य कोई।

सुबह उठने के साथ ही अपने विचारों को प्यार से भरना शुरू कर दें। आप अपनी पसंद की सभी चीज़ों के बारे मे सोचें, चाहे वह आपके परिवार के सदस्य हों, मित्र हों, फल–फूल हों, ईश्वर हों या आपके जीवन में घटित कोई बेहतरीन घटना ही क्यों न हो, साथ ही आप अपनी सफलता को आकार देते हुए आपने सफल होने को महसूस कर सकते हैं। जब आप सुबह–सुबह स्वयं को प्यार से भर लेंगे तो दिन भर भी आप प्यार ही बांटेंगे और जो बांटेंगे, वही कई गुना होकर पुनः अपने

उद्गम तक आएगा। आपके वर्तमान जीवन को देखकर कोई भी आपके विचारों के बारें में आसानी से अंदाजा लगा सकता है कि आपकी सोच कैसी है। विचारों का कोई अंत नहीं होता, यह आपके पैदा होने से लेकर आपकी अंतिम सांस तक होते हैं, इसलिए आपकी सफलता का भी अंत नहीं है। आप अपने आस–पास के संबंधों व वातावरण को देखकर आसानी से अपनी सफलता के बारे में अंदाज़ा लगा सकते हैं। जैसे ही आप सकारात्मकता से दूर होने लगते हैं, आपके आस–पास का वातावरण बदलने लगता है, समस्याएं बढ़ने लगती हैं, चाहे वह पारिवारिक हों, व्यावसायिक हों या स्वास्थ से संबंधित हों और यही आपके लिए चेतावनी भी है।

अक्सर आप यह कहते हैं कि जब मुझे मेरी मनचाही नौकरी मिलेगी तो मैं बहुत प्रसन्न रहूंगा और ब्रह्मांड का नियम कहता है कि आप प्रसन्न रहोगे तो आपको आपकी मनचाही नौकरी मिलेगी। आपका प्रसन्न रहना व आनंदित रहना, वह सब कुछ पा सकता है जो आप चाहो, न कि जो आप पहले पाओगे तब प्रसन्न रहोगे। अपने आप को प्यार से भरना होगा, प्यार बांटना होगा तभी तो प्यार लौट कर आएगा। यदि हम आलोचना बांटेंगे तो आलोचना ही वापस आएगी। जब आप किसी की भी शिकायत करते हैं तो हम नकारात्मक विचारों पर अपना ध्यान केन्द्रित कर रहे होते हैं। यही नकारात्मकता हमारे जीवन में वापस आती है, चाहे वह दाँत के दर्द के रूप में हो या हमारी कार के टायर के पंचर होने के रूप में हो, जब हम प्यार बांटते हैं तो आपके जीवन में यही प्यार वापस आता है चाहे, यह आपको एक अच्छे भोजन के निमंत्रण के रूप में हो या परिवार

में कोई शुभ समाचार के रूप में हो। हो सकता है कि आपको इन दोनों घटनाओं में कोई आपसी संबंध न दिखे, लेकिन ब्रह्मांड आपकी सकारात्मकता को सकारात्मकता के साथ व आपकी नकारात्मकता को नकारात्मकता के साथ लौटाता है।

अब आप यदि ब्रह्मांड के इशारे को नहीं समझ पा रहें हैं तो ये गलती किसकी है ? जब आप प्यार बांटते हैं तो जीवन में सब कुछ अच्छा होने लगता है और आप कहेंगे कि आज आपका दिन बड़ा शुभ है, आपके सितारे आपका साथ दे रहे हैं, वास्तव में तो आप ही अपना साथ दे रहे होते हैं। आप दिन की शुरुआत प्यार से करते हैं तो दिन भर अच्छी खबर मिलती है। प्यार के बदले प्यार मिलता है, वहीं दूसरी ओर यदि आपके जीवन में चिड़चिड़ापन आ गया तो लगता है कि आज तो दिन खराब है, सितारे उलटे हो गए आदि। वास्तव में तो आप ही आपना साथ नहीं दे रहे हैं। आप प्यार की जगह नकारात्मकता बांट रहे होते हैं तो नकारात्मकता के बदले नकारात्मकता ही मिलती है। आपके जीवन में जैसे–जैसे सकारात्मकता बढ़ने लगती है, वैसे–वैसे जीवन प्यार से भरने लगता है। सकारात्मक भावनाओं से केवल एक दिन ही नहीं बदलता बल्कि एक दिन का असर अगले दिन पर पड़ता है और धीरे–धीरे जीवन बदलने लगता है क्योंकि आपका आज ही आपका कल बना रहा है। इसलिए आप तो आज को खुशी के साथ जिओ, कल अपने आप बन जाएगा। प्यार की शक्ति में जीवन बदलने की ताक़त होती है। यदि आप एक चाय का प्याला लिए खड़े हैं और आपको किसी ने थोड़ा सा धक्का दिया तो क्या होगा? चाय थोड़ी–सी छलक जाएगी। कोई पूछता है कि कप से चाय क्यों छलकी तो आप

कहते हैं कि उसने धक्का दिया था इसलिए चाय छलक गई। बिल्कुल ग़लत जवाब है यह, वास्तविकता तो यह है कि कप में चाय थी इसलिए छलकी, जो आपमें होगा वही छलकेगा। इसी तरह जब आप प्यार से लबालब होंगे तो प्यार ही छलकेगा और जब प्यार छलकेगा तो वही प्यार वापस अपने स्रोत तक आएगा और आपका जीवन आनंद से भरपूर होगा।

प्यार में अद्भुत शक्ति होती है। लेकिन यदि आपका नज़रिया ही छोटा है तो इसमें शक्ति का क्या कसूर, इसलिए सबसे पहले तो आप अपना नज़रिया बड़ा करें। इससे सब संभव है, जो अभी तक संभव हुआ है, वह भी और जो अभी तक संभव नहीं हुआ है, वह भी। एक बार बैठ कर सोंचे कि वैज्ञानिक इतने बड़े–बड़े आविष्कार कैसे कर पाते हैं। एक खिलाड़ी अपने से पहले वाले खिलाड़ियों के रिकॉर्ड कैसे तोड़ पाते हैं। यह सब इसलिए संभव हो पाता है क्योंकि उनके अंदर अपने लक्ष्य के प्रति असीम प्यार भरा होता है। इस दुनिया में शायद ही कोई होगा जो माँ के हाथ से बने खाने का स्वाद भूल पाता होगा। माँ के हाथ से खाना सदैव स्वादिष्ट इसलिए बनता है कि माँ का अपनी संतानों के प्रति असीम प्यार होता है। जहाँ प्यार होता है, वहाँ सबसे बेहतर होना स्वाभाविक होता है। आपके जीवन में परिस्थितियाँ कितनी भी विपरीत हों, लेकिन यदि आपने अपने अंदर प्यार भर रखा है तो परिणाम सकारात्मक आने लगते हैं।

वास्तव में प्यार में असीम शक्ति होती है। ब्रह्मांड के सामने कोई भी इच्छा बड़ी नहीं होती है। ब्रह्मांड सर्वस्व है। ब्रह्मांड को परिभाषित करना संभव नहीं है। **श्रीमद्भगवद गीता के अनुसार**

“श्रीकृष्ण ने जब अर्जुन को अपना दिव्यरूप दिखलाया तो श्रीकृष्ण आकाश में हजारों सूर्यो के एक साथ उदय होने से उत्पन्न प्रकाश की तरह दिख रहे थे, उनको देखना असंभव था।” इससे हम यह समझ सकते हैं कि ब्रह्मांड में कितनी ऊर्जा है, इसलिए आपके द्वारा भेजी गई विचारों की तरंगें जब ब्रह्मांड से ऊर्जा लेकर आती हैं तो वह कितनी शक्तिशाली हो जाती हैं। यह आपके ऊपर निर्भर करता है कि ये तरंगें सकारात्मक होंगी या नकारात्मक। ब्रह्मांड तो जिनको आप भेज रहे हैं उनको ऊर्जा से भर देता है। ब्रह्मांड का नियम है कि जिस चीज़ पर ध्यान केन्द्रित करते हैं, वह बढ़ती है। यदि आप सोचते हैं कि आप में नकारात्मक भावनाएं भरी हुई हैं और आप उन्हें निकालना चाहते हैं तो वह लगातार बढ़ेंगी क्योंकि आप उन पर ध्यान केन्द्रित कर रहे हैं। यदि आप स्वयं में प्यार भरना शुरू कर दें तो जिनसे आप प्यार करते हैं, उनके बारे में सोचना शुरू कर देते हैं। चाहे वह कोई व्यक्ति हो या वस्तु या फिर प्रकृति ही क्यों न हो तो धीरे–धीरे आपमें प्यार भरने लगेगा और आप स्वयं को सकारात्मक महसूस करेंगे व नकारात्मकता अपने आप निकलती जाएगी। प्यार में बहुत शक्ति होती है। दिल में अगर प्यार भरा हो तो आपको आनंद मिलता है और प्यार की कमी आपको दु:ख महसूस कराती है।

जीवन के प्रति आपका अनुभव केवल आपके विचारों का ही परिणाम है। आप चाहें तो इसे माने और चाहें तो न माने। एक रहस्यमयी शक्ति आपका पीछा करती है। आप जो सोच रहे होते हैं, वही आप जीवन के बारे में लिख रहे होते हैं और जो आप लिख रहे होते हैं, उसी के अनुसार यह शक्ति आपका जीवन बना रही होती है।

यह शक्ति आपके सामने जीवन का एक स्लाइड–शो प्रस्तुत करती रहती है। जिसको देखकर आपको चुनने में सुविधा होती है। यह आपके ऊपर है कि आप अपनी पसंद की चीज को प्यार दे रहे हैं या नापंसद की चीज के बारे में बात कर रहे हैं, चाहे आप नकारात्मक ही क्यों न हों, लेकिन जहाँ आप ध्यान केन्द्रित कर देते हैं, उसी के अनुसार यह शक्ति आपका जीवन बनाना प्रारंभ कर देती है। वास्तव में तो ब्रह्मा ने यह जीवन आपको प्यार करने व प्यार बांटने के लिए दिया है।

ब्रह्मांड के स्लाइड–शो के दौरान चलते हुए जैसे ही आप अपने सपनों का मकान देखते हैं, तुरंत उससे प्यार करने लगते हैं। ऐसा करके आप ब्रह्मांड को तरंगें भेजना प्रारंभ कर देते हैं। लेकिन दूसरे ही क्षण आपको यह अहसास होता है कि आपके सपनों के मकान में तो कोई और रह रहा है तो आप उसको कोसने लग जाते हैं। जैसे ही आप उसे कोसते हैं आप ब्रह्मांड को पुनः नकारात्मक तरंगें भेजते हैं और उसके पाने की शक्ति को नष्ट कर देते हैं। जबकि आपको उसमें रहने वाले व्यक्ति से भी प्यार करना है। उससे प्यार करोगे तभी तो प्यार लौटकर आएगा और आपको आपकी पसंद का मकान देगा। ब्रह्मांड ने तो अपने स्लाइड शो के दौरान वह मकान आपको देने के लिए दिखाया था लेकिन आपने उसे नकारात्मकता के साथ नामंजूर कर दिया। इसी तरह ब्रह्मांड आपके समक्ष आपके परिवार के साथ रिश्ते, मित्रों के साथ रिश्ते, आपका व्यक्तित्व, आपकी आजीविका का माध्यम, आपका स्वास्थ्य, आपके योग्य सभी चीज़ें एक–एक करके स्लाइड–शो के माध्यम से प्रतिदिन

प्रस्तुत करता है। यह आपके ऊपर है कि आप उन्हें चुनते हैं या अस्वीकार करते हैं। इन सभी को प्यार देकर आप इन्हें अपने जीवन में आने का आमंत्रण देते हैं। इसको समझने के लिए यह भी समझ सकते हैं कि आपके परिवार में कोई शुभ कार्य है और आपको अपने परिवारजनों व मित्रों को आमंत्रित करने के लिए कितने प्यार से आमंत्रण भेजना है तथा उनकी मनुहार करनी है, तभी तो वह सब आपके यहाँ आएंगे, इसलिए आपको उतने ही मनुहार व प्यार के साथ अपनी पसंद की चीज़ों को आमंत्रण देना है। आप महसूस करेंगे कि वे आपके जीवन में आना शुरू हो चुकी हैं। ब्रह्मांड द्वारा दिखाये जा रहे स्लाइड–शो में आप अपने लक्ष्य को, अपने सपनों को और अपनी प्यारी चीज़ों को प्यार देकर ही पा सकते हैं।

प्यार के इस रहस्य की बड़ी खास बात यह है कि यह आप पर ही काम करता है। इसमें आप जो भी कर रहे हैं, अपने लिए कर रहे हैं और पा भी आप ही रहे हैं। ब्रह्मांड का नियम केवल आपके विचारों पर ही तो प्रतिक्रिया करता है। अब आप चाहें प्यार महसूस करें या गुस्सा दोनों ही आप पाते हैं। आपके द्वारा कहा गया या सोचा गया प्रत्येक वाक्य पुनः आप तक ही लौट कर आता है क्योंकि ब्रह्मांड का नियम है हर भेजी हुई वस्तु अपने उद्‌गम स्थान तक वापस आती है। आप अपना जीवन बना रहे हैं, अपनी पसंद के अनुसार। फिर नापसंद का क्या काम ? आप जिन चीज़ों को पसंद नहीं करते उनके बारे में बात भी नहीं करनी है। जो जैसा है, उसे वैसा ही रहने दें, कई बार आप उन्हें बदलने की ज़िम्मेदारी ले लेते हैं, ऐसा करने से आपका संवाद नापसंद की चीजों और व्यक्तियों से होने लगता

है और जाने–अनजाने में वे हमारे जीवन में नकारात्मकता भर देते हैं, क्योंकि ब्रह्मांड केवल आपके विचारों को सुनता है इसलिए ऐसे लोगों व चीज़ों से दूरी बनाने में ही आपके जीवन की सफलता है।

प्यार - प्यार में बहुत बड़ी शक्ति होती है। जीवन को बदलने की शुरुआत यहीं से होती है। जब आप अपनी सोच में प्यार पैदा कर लेते हैं तो आप प्रत्येक व्यक्ति व वस्तु से प्यार करने लगते हैं और धीरे–धीरे जीवन में बदलाव शुरू हो जाते हैं। आप यह समझने लग जाएंगे कि आप वे सभी चीज़ें पाने के योग्य हैं जो दूसरे पा सकते हैं, क्योंकि ब्रह्मांड ने उन्हें अपनी सभी संतानों के लिए ही बनाया है। आप ही उन्हें नहीं पाना चाहते तो इसमें ब्रह्मांड का कोई दोष नहीं है। आप ही अपनी ज़िंदगी के निर्माता व निर्देशक हैं और प्यार ही सबसे बेहतर औज़ार है। आपको केवल चौकन्ना रहना होगा क्योंकि ब्रह्मांड ने आपके सभी सवालों के जवाब देने की व्यवस्था की हुई है। यह जवाब व्हाट्सएप के किसी संदेश के माध्यम से या किसी वीडियो के माध्यम से हो सकता हैं। ब्रह्मांड किसी जाने–अनजाने व्यक्ति के माध्यम से भी संदेश भेज सकता है। आपको केवल उन्हें समझना है और अमल में लाना है। यह सब तभी संभव है जब आप स्वयं से प्यार करना प्रारंभ कर दें। स्वयं से प्रेम न करके आप अपने सभी सवालों के जवाब या यूं कहें कि मार्गदर्शन पाने का हक खो देते हैं। वह मार्गदर्शन आपकी आजीविका का, सेहत का, रिश्तों का या किसी का भी हो सकता है।

गाँव में एक साधु महाराज रहते थे, उनका ईश्वर मे बड़ा विश्वास था। एक पेड़ के नीचे अपना आसन लगाकर भक्ति में

लीन रहते थे, गाँव वाले भी उनका बड़ा सम्मान करते थे। एक बार गाँव में भीषण बाढ़ आ गई, हर तरफ पानी ही पानी दिखाई देने लगा। गाँव के लोग बचाव के लिए ऊँचे स्थानों पर जाने लगे। लोगों ने देखा कि साधु महाराज अभी भी वहीं बैठे हैं तो लोगों ने उन्हें भी ऊँची जगह पर चले जाने की सलाह दी। साधु महाराज ने जवाब दिया, तुम लोग जाओ मुझे तो मेरा भगवान बचाएगा। लोग चले गए, धीरे–धीरे पानी का स्तर बढ़ता गया। पानी साधु महाराज की कमर तक पहुँचने लगा। इसी बीच वहाँ से राहत वाली टीम की नाव आ पहुँची। उन्होंने कहा, महाराज नाव पर सवार हो जाइए, हम आपको सुरक्षित स्थान पर पहुँगा देंगे। साधु ने कहा, मुझे तुम्हारी मदद की ज़रूरत नहीं है, मुझे तो मेरा भगवान बचाएगा। साधु महाराज नहीं माने और टीम आगे बढ़ गई। बाढ़ का पानी बढ़ने लगा। साधु ने पेड़ पर चढ़ना उचित समझा और पेड़ पर चढ़कर भगवान का नाम लेने लगे। इसी बीच बचाव टीम हेलीकॉप्टर लेकर आ पहुँची और रस्सी लटका कर साधु महाराज को बार–बार रस्सी पकड़ने के लिए कहने लगी। साधु ने जवाब दिया, मैं नहीं आने वाला, मुझे तो मेरा भगवान ही बचाएगा। कुछ ही देर में पेड़ बाढ़ की धारा में बह गया और साधु महाराज भगवान के घर पहुँच गए। वहाँ पहुँचकर साधु महाराज भगवान से बोले, हे प्रभु ! मैंने बड़ी ही श्रद्धा और लगन से आपकी भक्ति की, लेकिन जब मैं पानी में डूबकर मर रहा था तो आप मुझे बचाने क्यों नहीं आए? भगवान ने जवाब दिया, हे साधु महाराज! मैं आपको बचाने तीन बार आया, पहली बार ग्रामीणों के रूप में, दूसरी बार नाव वाले बचाव दल के रूप में, तीसरी बार हेलीकॉप्टर वाले बचाव दल के रूप में। लेकिन आपने मेरी एक न सुनी। आप मेरे संदेश

को समझ ही नहीं पाए। तब जाकर साधु महाराज को अपनी ग़लती का अहसास हुआ।

स्वयं को पहचानें- यह दर्पण ही होता है जो सदैव सच बोलता है। यदि आप इसके सामने खड़े हैं और अपनी आँखों में आँखें डालकर देख रहे हैं तो देखते हुए बात करें। अपने आप से वादा करें। अपनी समृद्धि का वादा! जब आप खुद से बहुत प्यार करते हैं तो खुद से किया गया वादा भी निभाना पड़ेगा। यदि आप खुद से झूठा वादा कर रहे हैं तो आप दुनिया में किसी से भी झूठ बोल सकते हैं। जो खुद का नहीं हुआ, वह किसी और का क्या होगा। इसलिए आँख में आँख डालकर खुद से वादा करें, निभाने के लिए। खुद से बात करते समय यदि कोई विचार आता है तो आने दें। यदि विचार नकारात्मक है तो समझ जाएं कि यह वही विचार है जो आपकी तरक्की में बाधक है और यदि विचार सकारात्मक है तो समझ जाएं कि तरक्की शुरू हो चुकी है। इस दुनिया को बदलने से अच्छा है, पहले स्वयं को बदलें। बदलने से पहले जानना ज़रूरी है कि बदलना क्या है ? जब आप अपने आप से बात करते हैं तो आप अपने आप को पहचानते हैं कि आप कौन हैं? आपकी विशेषताएं क्या-क्या हैं? जो भी लक्ष्य आपको पाना है क्या आपको उस तक पहुँचने का रास्ता आपको पता है? यदि रास्ता आपको पता है और उस तक पहुँचने के लिए कुछ नया सीखना है तो क्या आप सीखने के लिए तैयार हैं ? इस दुनिया में केवल आप ही हैं जो यह कर सकते हैं, आपके सिवा और कोई नहीं। विचारों की ताकत को समझने का प्रयास करें। जब आप कोई फिल्म देख रहे होते हैं तो उसके दृश्यों के अनुसार आपके विचार बदलते रहते हैं

और कोई भावुक दृश्य आने पर आप भी भावुक हो जाते हैं। यहाँ तक कि आँसू भी आ जाते हैं या कोई देशभक्ति की फिल्म आपमें देश भक्ति का जज्बा जगा देती है। रोमांचित दृश्य आपमें भी रोमांच भर देता है। आप अपने जीवन की फिल्म के खुद निर्माता निर्देशक हैं। अपने जीवन की बेहतरीन फिल्म बनाने के लिए "मैं अपने आपसे बहुत प्यार करता हूँ" इस मंत्र को ध्यान में रखें और दिन में जितनी बार भी संभव हो इसे बोलें, अपने हाथों को चूमें। स्वयं से प्यार करने का मतलब होता है, स्वयं को बेहतर बनाना। अपने अंदर की सारी अच्छाइयों को बाहर निकालना, अपने आप को सम्मान देना। खुद को इतनी शक्ति देना कि दूसरों पर विजय से पहले स्वयं पर विजय करें। स्वयं से प्यार करने का मतलब है अपने आप पर आत्मविश्वास होना। स्वयं पर आत्मविश्वास का ही परिणाम है कि चींटी अपने वज़न से दस गुना अधिक वज़न लेकर अपनी मंजिल तक पहुँच जाती है। स्वयं से प्यार करने का ही परिणाम होता है कि आप अपने बेहतर स्वास्थ्य के साथ अपने आहार पर भी ध्यान दे पाते हैं, साथ ही अपना सौंदर्य बनाए रखना भी आपकी स्वयं की ज़िम्मेदारी होती है। स्वयं के लिए कुछ वक्त निकालना खुद को उपहार देने जैसा ही होता है। स्वयं का हौसला बढ़ाकर ही आप लक्ष्य तक आसानी से पहुँच सकते हैं। स्वयं से प्यार करने वाला व्यक्ति सदैव विद्यार्थी बनकर रहता है। जहाँ भी, जब भी कुछ नया मिलता है, सीखने को तत्पर रहता है। वह इस बात को भली प्रकार समझता है कि यदि अपडेट नहीं रहे तो आउटडेटेड हो जाएंगे। जो स्वयं का सम्मान करते हैं, लोग उनका सम्मान करते हैं। स्वयं से प्यार करना स्वयं के विकास में निवेश करना है। जिसने स्वयं के प्रति ईमानदार रहना सीख

लिया, उसकी सफलता को कोई नहीं रोक सकता।

एक ऑफिस में जब कर्मचारी सुबह–सुबह आये तो ऑफिस के दरवाजे पर लिखा हुआ था "जो व्यक्ति आपकी तरक्की में बाधक बन रहा था वह अब नहीं रहा यदि आप उसके आखिरी दर्शन करना चाहते हैं तो कमरा नं. 3 में पहुँचे" हर कर्मचारी उसे पढ़ता और उसके मन में उत्सुकता जाग जाती कि कोई तो था जो मेरी तरक्की में बाधक था, मुझे उसे ज़रूर देखना चाहिए और वह कमरा नं. 3 में पहुँचते हैं वहाँ एक कपड़े में ढक कर एक ताबूत रखा होता है। जैसे ही कर्मचारी ताबूत को खोलता है, उसे उस में लगे काँच में स्वयं की ही तस्वीर दिखती है। आखिर वह व्यक्ति कौन था ?

यदि आप स्वयं को कमज़ोर समझते हैं, स्वयं से घृणा करते हैं, स्वयं की किसी दूसरों से तुलना करते हैं तो आप असफलता के दरवाज़े पर दस्तक दे रहे हैं। वहीं जब आप अपने आप से प्यार करना प्रारंभ कर देते हैं और अपना खुद का ध्यान रखना प्रारंभ कर देते हैं तो आपकी क्षमताओं का विकास होना शुरू हो जाता हैं और धीरे–धीरे आप में आत्मविश्वास जगने लगता है।

संबंध – यह जीवन संबंधों पर आधारित होता है। अच्छे संबंधों का होना एक सुखद अहसास होता है। जिसे हर कोई पाना चाहता है। संबंध जीवन के स्तंभ होते हैं। जिन पर पूरा जीवन टिका रहता है। संबंधों की मज़बूती जीवन की खुशियों को बढ़ाती है। एक–दूसरे की भावनाओं को समझना और उसका सम्मान करना व निःस्वार्थ भाव से प्रेम, यह सब मिलकर

एक मजबूत संबंध बनता है। आपका स्वयं के साथ रिश्ता ही आपके रिश्ते तय करता है। इसी के अनुसार आपका वस्तुओं से, प्रकृति से रिश्ता तय होता है। आपके बड़े होने के दौरान जो आपने सीखा व देखा, वही व्यवहार आप अपने रिश्तों के साथ करते हैं। आपके संबंध आपके विचारों का ही परिणाम होते हैं, यह चाहे परिवारिक रिश्ते हों, मित्रों के साथ हों, कार्य क्षेत्र के रिश्ते हों या सामाजिक रिश्ते ही क्यों न हों। अपनी पसंद के खांचों को थोड़ा फैला लें तो अपने आप नज़दीकियों के घेरे में और लोग शामिल हो जाएंगे।

जब कोई रिश्ता आपको पसंद नहीं होता या किसी को आप पसंद नहीं हैं तो इस बात को अवश्य समझें कि क्या उस व्यक्ति के सभी से संबंध खराब हैं, यदि नहीं तो अपने आप को देखें कि उसकी जो आदत खराब है, वह आदत आप में कैसी है। क्या आपको भी वह आदत बदलने की जरूरत है ? जैसे ही आप अपनी वह आदत बदलेंगे, आप उस व्यक्ति में भी बदलाव महसूस करेंगे।

"जाने और अनजाने के बीच एक पतली सी दीवार होती है जो केवल पहल मात्र से ही टूट जाती है।"

आप जो हैं, जैसे हैं, अपने आप से प्यार करें। आप अपनी वर्तमान परिस्थिति को प्यार करें। आप जिस भी परिस्थिति में हैं, आपके विचारों की वजह से हैं। यदि लोग आपके साथ ऐसा व्यवहार नहीं कर रहे हैं, जैसा आप चाहते हैं तो आप खुद लोगों के साथ वैसा व्यवहार करना प्रारंभ कर दें जैसा आप स्वयं

चाहते हैं। आप जिस भी रिश्ते के साथ काम कर रहे हैं चाहे, वह पारिवारिक हो, सामाजिक हो या व्यावसायिक हो तो आप उस रिश्ते से प्यार करना प्रारंभ कर दें, उससे आपके रिश्ते तो बहुत अच्छे होंगे ही, साथ ही जब आप उस जगह होंगे तो बाकी लोग भी आपको उतना ही प्यार करेंगे जितना आप कर रहे हैं। यदि आप अपने पिता से बहुत प्यार करेंगे और उनका सम्मान करेंगे तो आपकी संतान भी आपके साथ वैसा ही करेगी। यदि आप ऑफिस में कर्मचारी हैं और अपने अधिकारी के प्रति बहुत अच्छी धारणा रखते हैं तो आपके अधीनस्थ कर्मचारी भी आपके प्रति वैसी ही धारणा रखेंगे। यहाँ तक कि जब आप अधिकारी बन जाएंगे तब भी। जो आपके पास है, लोग उसी को तलाश करते हुए आप तक पहुँच जाएंगे। यदि आपके आस–पास का माहौल नकारात्मक है या लोग नकारात्मक हैं तो आप जब भी चर्चा करें तो यही कहें कि माहौल बड़ा सकारात्मक हैं, लोग बड़े सकारात्मक है। याद रखें ब्रह्मांड का नियम है जिस चीज पर ध्यान केन्द्रित करोगे वह बढ़ेगी। साथ ही ब्रह्मा ने सृष्टि के निर्माण के समय इस बात का विशेष ध्यान रखा था कि हर व्यक्ति में कोई विशेष गुण भर दें। आप अपने संबंधों के दौरान लोगों में इस विशेष गुण को बड़े ध्यान से पहचानें और उनकी तारीफ करें। यदि कोई आपकी बुराई करता है तब भी आप उसकी तारीफ करें क्योंकि शब्द यात्रा करते हैं। यहाँ मैं आपको पुनः ब्रह्मांड का नियम याद दिलाना चाहूंगा जो बांटोगे, वही लौट कर आएगा। धीरे–धीरे आप संबंधों में चमत्कार महसूस करेंगे। जब आप अपने समूचे विचारों को अपने मनचाहे संबंधों पर केन्द्रित कर पाते हैं तो संबंधों में बदलाव प्रारंभ होने लगता है। यदि आपको लगता है कि अमुक व्यक्ति से आपके संबंध

अच्छे नहीं हैं तो आप उसके साथ बेहतर संबंधों को कल्पना में मानकर भी अपने संबंधों को अच्छा बना सकते हैं। जब आप दूसरों से जैसा व्यवहार चाहते हैं, वैसा खुद के साथ करना प्रारंभ कर देते हैं तो बहुत जल्दी ही दूसरे भी आपके साथ वैसा व्यवहार प्रारंभ कर देते हैं। खुद को प्रेम न करना व खुद का आदर न करना ब्रह्मांड को यह संदेश भेजना है कि आप प्यार व सम्मान के हकदार नहीं हैं, क्योंकि आपके विचारों से ही तो परिणाम बनता है। जब आप अपने जीवन को किसी कमी के साथ जीने के लिए तैयार कर रहे होते हैं तो आप सदैव के लिए उसको अपने से दूर कर रहे होते हैं। ब्रह्मा ने अपनी सभी संतानों के लिए अपार की व्यवस्था की हुई है। फिर भी कोई उसके बिना जीना चाहता है तो इसमें ब्रह्मा क्या कर सकते हैं। जब तक आप अपना पात्र नहीं तैयार करेंगे तब तक ब्रह्मा भरेगा किसे ? संबंधों में प्रेम व सम्मान चाहने के लिए आप स्वयं को प्रेम व सम्मान से पूरी तरह भर लें। इतना कि बाहर निकलने लग जाए। जब बाहर निकलेगा तभी तो बंटेगा और जब बंटेगा तभी तो वापस लौट कर आएगा। सर्वप्रथम अपनी खुशी पर ध्यान दें व खुद को खुशी से पूर्णतः भर लें। जब आप खुश नहीं होते हैं तो आप ब्रह्मांड से प्रेम पाने की पात्रता नहीं रखते। आप लगातार दुःख महसूस करते रहेंगे। इसका सबसे आसान तरीका है कि अपने आस–पास मौजूद व्यक्तियों, चीज़ों व घटनाओं में सकारात्मकता ढूंढ़ना प्रारंभ कर दें, चाहे वे आपके परिवार के सदस्य हों, पड़ोसी हों या आपके सहकर्मी हों, जैसे ही आप अपना ध्यान उनकी अच्छाइयों पर केन्द्रित करेंगे व उसकी प्रशंसा प्रारंभ करेंगे तो आपके जीवन में चमत्कार प्रारंभ हो जाएंगे। ब्रह्मा जब इस सृष्टि का निर्माण

कर रहे थे तो उन्होंने अपनी संतान की खुशी का ध्यान पूरी तरह से रखा और अपनी संतान के साथ ही उस व्यक्ति को भी जन्म दिया जो आपकी खुशी का पूर्णतः ध्यान रखेगा और वो हैं आप स्वयं। केवल आप ही अपने आप को खुश रख सकते हैं। आपके आस–पास स्थित बाकी सभी तो आपकी खुशी में शामिल हो सकते हैं, खुशी की चाबी तो केवल आपके ही पास है। केवल उन्हीं पर ध्यान केन्द्रित करें, जिन्हें आप पसंद करते हैं, आप प्यार करते हैं तो धीरे–धीरे आप खुशी से भरने लगेंगे। हमारे सभी संबंधों में यह नियम काम करता है कि आपको सदैव अपने संबंधों के दौरान गुणों पर ही ध्यान केन्द्रित करना है क्योंकि ब्रह्मांड का नियम है, जिस चीज़ पर ध्यान केन्द्रित करते हैं, वह बढ़ती है। इस बात का विशेष ध्यान रखना है कि आपके विचार के साथ शब्द भी आपके साथ हैं न। स्वयं को पूरी तरह से भर कर ही हम किसी को भी कुछ दे सकते हैं। स्वयं से प्यार करके व स्वयं का सम्मान करके ही हम प्यार व सम्मान पा सकते हैं। इस बात को आप बड़ी आसानी से अपने निजी जीवन में समझ सकते हैं कि यदि आपके संबंध किसी के साथ बड़े अच्छे हैं तो आप उसे प्रेम ज़्यादा दे रहे होंगे और यदि संबंध किसी के साथ अच्छे नहीं हैं तो आप प्रेम की तुलना में उसकी आलोचना पर काम कर रहे होंगे। ब्रह्मा ने अपनी रचना में यह स्पष्टता के साथ सिखाने की कोशिश की है कि यदि आप पाना चाहते हैं तो पहले आप को देना होगा। ब्रह्मा का नियम है, जो बांटोगे वही लौट कर आएगा। संबंधों की धुरी भी यही है। संबंधों की नकारात्मकता या सकारात्मकता यहीं से प्रारंभ होती है और अंत भी यहीं होता है। सामने वाले व्यक्ति को बदलने की इच्छा से किया गया काम प्रेम देना नहीं है।

उसकी कुछ कमज़ोरियों को बदलने की इच्छा रखना, उसको प्रेम करना नहीं है। किसी भी व्यक्ति में दोष निकालना या उसकी गलतियों के बारे में बात करना प्रेम देना नहीं है। प्रेम का मतलब किसी का दोहन करना या अपमान करना भी नहीं है। अपनी पसंद व नापसंद से किसी पर ज़बरदस्ती दबाव बनाना कतई प्रेम नहीं है। ब्रह्मा की सृष्टि में संबंध भी उपहार स्वरूप मिलते हैं। आपके जीवन में एक–एक करके सभी संबंध आते रहते हैं, परन्तु तय आपको करना होता है कि आप किस से घनिष्ठता रखना चाहते हैं क्योंकि जब आप स्वयं प्रेम व सम्मान से भरे हुए होते हैं तो केवल प्रेम व सम्मान देने वाले संबंध ही आपके आस–पास रह जाते हैं। आप का खुश रहना या दुःखी होना केवल आप पर ही निर्भर करता है। इसके लिए किसी को भी दोषी न ठहराएं। कई बार शिकायत करना केवल टाइम पास भी हो सकता है या आपकी आदत भी, लेकिन यह बात तो तय है कि आपके शिकायत करने या आलोचना करने से उस व्यक्ति का कुछ नहीं बिगड़ता। शिकायतें बहुत छोटी होती हैं और आप जो गवां देते हैं वह बहुत ज़्यादा। जब आप किसी भी संबंध में प्यार देते हैं तो वह व्यक्ति भी उस प्यार को आगे बढ़ाता है, इस प्रकार यह प्यार आगे बढ़ता जाता है और कई गुना होकर खुशियों के रूप में लौटकर आता है। इसी प्रकार आपका गुस्सा भी आगे से आगे बढ़ता जाता है और कई गुना होकर व्यवसाय या परिवार के नुकसान के रूप में लौट कर आता है। जिन्हें आप जीवन की बड़ी समस्याएं समझते हैं वह केवल प्रेम दे कर ही सुलझाई जा सकती हैं। ब्रह्मा ने अपनी सभी संतानों में कोई न कोई काबिलियत अवश्य दी है, आप जब उनके साथ संबंधों के दौरान उनकी काबिलियत पर ध्यान देना शुरू करते

हैं और उनका आभार व्यक्त करना प्रारंभ करते हैं तो धीरे–धीरे संबंधो में चमत्कार होने लगता है। वहीं दूसरे और संबंधों के प्रति नकारात्मकता धीरे–धीरे आपको सुलगा रही होती है।

जीवन – ब्रह्मा के द्वारा दिया गया उपहार प्रत्येक के लिए इतना महत्वपूर्ण है कि जिसको यह समझ आ गया कि उसको यहाँ क्यों भेजा गया है, उसने इतिहास रच दिया और जिसको यह समझ नहीं आया, वह खाना खाकर खाद बनाकर अलविदा कह गया। कहीं भी किसी के लिए यह लिखा नहीं होता है कि आपको क्या करना है। आपको ही तय करना है कि आपको कैसा जीवन जीना है। काम के प्रति सबके उद्देश्य अलग–अलग हैं, लेकिन परिणाम सबके एक ही हैं और वह है आनंद लेना, प्रसन्न रहना। प्रत्येक व्यक्ति की आनंद की परिभाषा अलग–अलग है। किसी को भोजन में आनंद तो किसी को भजन में आनंद, किसी को नाचने में तो किसी को नचाने में आनंद, आनंद के अनेक प्रकार हैं। जो भी चीज़ आपको आनंद का अनुभव कराती है, वह जीवन में सकारात्मकता लाती है। आनंद चुनने की स्वतंत्रता सभी को है। आपके आनंद की तरंगें जब बह्मांड तक पहुँचती हैं तो ब्रह्मांड आगे–आगे आनंद के रास्ते बनाता है। जीवन के प्रति नज़रिया ही आपको आनंद तक पहुँचाता है। बड़ी बात यह है सभी में असीमित क्षमताएं होने के बावजूद भी सभी लोग उसका उपयोग नहीं कर पाते। भले ही ब्रह्मा ने सभी में रूप, आकार, रंग आदि की भिन्नताएं अवश्य दी हैं लेकिन सूर्य, बारिश, हवा, प्रकृति आदि ब्रह्मा की रचनाएं सभी को समान रूप से मिली हैं। जहाँ तक आप की नज़र जाती है सुंदरता ही सुंदरता है और यह सब ब्रह्मा की संतानों के लिए ही

है। इस बात से आप समझ सकते हैं कि आप कितने महत्वपूर्ण हैं। आपके हाथ में ही वह ब्रश है, जिससे आपके जीवन में रंग भरा जा सकता है। अंदर से जितना रंग निकालोगे उतना ही अपने जीवन में भरोगे। बस एक बार अपने लिए समय निकाल कर अपने आप को पढ़ लें, जान लें कि आपकी प्रसन्नता किसमें है। जब आप आनंद में डूबने लगते हैं तो जीवन का आनंद बढ़ने लगता है। श्रीमद् भगवद गीता के अनुसार हर जीवित व्यक्ति के भीतर आत्मा मौजूद रहती है। जैसे ही यह शरीर से निकल जाती है, शरीर निर्जीव हो जाता है। आत्मा प्रकाश पुंज है जो सूक्ष्म शरीर के रूप में जीवित व्यक्तियों के अंदर मौजूद रहती हैं, यानी ब्रह्मा अपनी संतानों के साथ सदैव रहता है। आत्मा के शरीर छोड़ने के बाद उसे कोई नहीं देख सकता। जिस तरह हम बिजली की तरंगों व इंटरनेट की तरंगों को नहीं देख सकते। कहा जाता है कि आत्मा मानव शरीर से निकल कर सीधे स्वर्ग को जाती है। स्वर्ग यानी आनंद की सर्वोच्च परकाष्ठा वह है, जब आप अपने अंदर ही स्वर्ग ढूंढ़ने लगते हैं तो जीवन में सबसे ज़्यादा आनंद हमेशा बांटने में ही आता है। जब आपमें प्यार भरा होगा, प्रसन्नता भरी होगी, आनंद भरा होगा तो आप बांटोगे भी वही। आप स्वतः ही परम आनंद में रहने लगोगे क्योंकि आपके पास जो होगा वही बांटोगे और जो बांटोगे वही लौटकर आएगा। जीवन का असल उद्देश्य तो आनंद ही है। प्यार में अद्भुत शक्ति होती है। आप प्यार बांटकर समृद्धि की ओर कदम बढ़ाओगे। आप कहीं भी रहें खुशियां सदैव आपके साथ ही रहेंगी क्योंकि आपने एक अद्भुत शक्ति को चैतन्य कर लिया है। वही शक्ति जो अंदर ही विद्यमान थी।

यह सब पहले ही दिन नहीं होगा। इस सब के लिए छोटे–छोटे से प्रयास करके खुद को ही प्रोत्साहित करना होगा। एक विद्यार्थी बनकर असफलता से सफलता तक जाना ही हमारा यहाँ आने का उद्देश्य सार्थक करता है। आप खुद अपने भविष्य निर्माता हैं। जैसे–जैसे सफलता की ओर बढ़ें, उसके साथ–साथ आभार व्यक्त करने की कला में पारंगत होना शुरू कर दें।

एक युवती हिल स्टेशन पर घूमने गई। वहाँ एक व्यक्ति को देखकर उसके पास जाकर बोली, यदि मैं आपको सही पहचान रही हूँ तो आप स्पेन के महान चित्रकार पाब्लो पिकासो ही हैं। उस व्यक्ति ने जवाब दिया, आपने सही पहचाना। युवती ने कहा, आज मेरे जीवन का बहुत बड़ा दिन है जो मैं आपसे मिल पाई। मैं इस दिन को हमेशा याद रखना चाहूंगी। क्या आप मुझे इस दिन की याद के रूप में कुछ बना कर दे सकते हैं प्लीज़? पिकासो ने अपने उस प्रशंसक को निराश न करते हुए अपनी जेब से एक कागज़ का टुकड़ा निकाला और उस पर पेन से कुछ बनाने लगे। पाँच मिनट बाद महिला को कागज़ देते हुए बोले, यह लो एक लाख रुपये की पेंटिंग। महिला को लगा शायद पिकासो मज़ाक कर रहे हैं। पाँच मिनट में बनाई गई पेंटिंग एक लाख की कैसे हो सकती है। दूसरे दिन वह युवती उस पेंटिंग की कीमत आंकने के लिए बाज़ार गई। पेंटिंग की बारीकियों के कारण उस पेंटिंग की कीमत एक लाख रुपये से भी अधिक बताई गई। युवती को बड़ा ताज्जुब हुआ, वह पिकासो को ढूढ़ते हुए उनके घर तक जा पहुँची। वहाँ पहुँचकर युवती ने कहा कि कृपया आप मुझे भी पेंटिंग बनाना सिखा दीजिये, ताकि मैं भी पाँच मिनट में एक लाख की पेंटिंग बना सकूं। पिकासो मुस्कराए और बोले, जो पेंटिंग मैंने 5 मिनट में बनाई है, उसके

पीछे मेरी 30 साल की तपस्या छिपी हुई है।

यह होती है, लगन और मेहनत की कीमत।

"आभार की सीढ़ी चढ़कर ही ऊँचाइयाँ हासिल की जा सकती हैं। आभार व्यक्त करना शिष्टाचार के साथ आनंदमय ही होता है, करने वाले तथा पाने वाले के लिए भी।"

स्वास्थ्य – स्वास्थ्य प्रत्येक के लिए सबसे ज़्यादा महत्वपूर्ण है, लेकिन यह बात भी सत्य है कि मनुष्य अपना स्वास्थ्य गवांकर धन कमाता है फिर, उस धन को अपना स्वास्थ्य पाने के लिए लगाता है। जो व्यक्ति बिना दवा लिए अंत तक जीवन जीता है, इस संसार में उससे अमीर कोई नहीं लेकिन शायद यह बात वह खुद भी नहीं जानता है। यह ब्रह्मा का दिया हुआ ऐसा वरदान है जिसके लिए जितना भी आभार व्यक्त किया जाए, कम है। जो निरंतर आभार व्यक्त करेगा, उसे निरंतर बेहतर स्वास्थ्य मिलेगा। आपका सम्पूर्ण जीवन ही आपके विचारों का परिणाम है। चिकित्सा वैज्ञानिकों के अनुसार मानव शरीर में कोशिकाओं का उत्सर्जन व विसर्जन अर्थात नया बनना व बाहर निकलना प्रति सेकेंड चलता रहता है। इसके अनुसार मानव शरीर भी नया बनता रहता है। नए बनने के दौरान ही विचार बीमारी को आमंत्रित करने व बाहर निकालने में अपनी महत्वपूर्ण भूमिका निभाते हैं। विश्व स्वास्थ्य संगठन के अनुसार स्वस्थ होने का मतलब केवल रोगों का न होना ही नहीं बल्कि शारीरिक व मानसिक स्वास्थ्य की सकारात्मक अवस्था है, यानी हर दिन ऊर्जा से भरा होना, खुश रहना, चिंता और तनाव से कोसों दूर रहना। इसका एक बड़ा कारण विचारों का अस्वस्थ होना ही है। सकारात्मक विचारों का प्रभाव हमारे शारीरिक व

मानसिक स्वास्थ्य दोनों पर पड़ता है। स्वास्थ्य विशेषज्ञों के अनुसार जब व्यक्ति निराश व कुंठित महसूस करता है तो सिरोटोनिन नामक रसायन का स्राव कम हो जाता है। इसकी कमी अवसाद व असामाजिक व्यवहार को जन्म देती है। बीमारी की अवस्था में अधिक से अधिक उसके बारे में बात करना अधिक रोगी कोशिकाओं को पैदा करता है, क्योंकि ब्रह्मांड का नियम है, जिस चीज़ पर ध्यान केन्द्रित करोगे वह बढ़ेगी। आप खुद आपनी धारणाओं का निर्माण कर रहे हैं। चाय पीने से सुस्ती दूर होती है। यह बात बार–बार सुनकर आपकी धारणायें बन चुकी है कि क्या जो चाय नहीं पीते उनकी सुस्ती दूर नहीं होती ? ऐसी कई बातों से आपकी प्रबल भावनाएं बन जाती हैं, फिर चाहे कोई कितना ही मना करे, आप मानने वाले नहीं हैं क्योंकि आपकी प्रबल भावनाओं से ही आपका सत्य बनने लगता है। आपका हर विचार शरीर के प्रत्येक अंग व कोशिका पर प्रभाव डालता है। जब आप अपने आप से प्यार करते हैं तो शरीर में शक्ति का संचार कर रहे होते हैं, वहीं नकारात्मकता के कारण हमारे मन में डर व चिताएं उत्पन्न होने लगती हैं, जो रोगों को निमंत्रण देती हैं। जब आपको यह अहसास हो जाएगा तो निश्चित ही मान लें कि शरीर पर आपका नियंत्रण होने लगेगा। आपका विचार ही तो जीवन का निर्माण कर रहा है। नकारात्मक विचार शरीर को उसकी प्राकृतिक अवस्था से हटा देते हैं और जैसे ही नकारात्मक विचार बाहर निकलते हैं तो शरीर प्राकृतिक अवस्था में आने लगता है और अपना इलाज स्वयं करना प्रारंभ कर देता है। गंभीर रोगों के रोगियों का ठीक होना इसी प्रक्रिया का हिस्सा है। इस जिंदगी में असंभव कुछ भी नहीं है। सब कुछ संभव है। सब कुछ जो आप

विचार कर सकते हैं। आपके शरीर की करोड़ों कोशिकाओं की कार्यप्रणाली यह याद करके समझी जा सकती है कि जब आपको चोट लगती है तो कोशिकाएं अपना मोर्चा संभाल लेती हैं और तुरंत खून बंद करने के प्रयास में जुट जाती हैं और धीरे–धीरे उस चोट को सही करने का कार्य भी कोशिकाएं ही करती हैं। आप भले ही अपने काम से अवकाश लें परन्तु कोशिकाएं कभी अवकाश पर नहीं होतीं, ये 24 घंटे सातों दिन काम करती हैं। यह आपकी हर भावना को विश्वास में भी बदलती हैं, अब चाहे वे भावनाएं प्यार की हों या डर की, बीमारी की हों या स्वस्थ रहने की, धन की हो या गरीबी की। इसलिए अपने स्वास्थ्य, आजीविका व रिश्तों के प्रति सदैव बेहतर स्थिति का ही विचार करें। अपने आप में अपार प्रेम भरकर आप अपनी रोग–प्रतिरोधक क्षमता भी बढ़ा सकते हैं। इसको ऐसे भी समझा जा सकता है कि यदि किसी बात पर मन उदास हो तो तुरंत जीवन में जो कुछ अच्छा हुआ हो या आपको सदैव अच्छा लगता हो, उसके बारे में सोचने से एक ऊर्जा का अहसास होने लगता है, मन में प्रसन्नता आने लगती है। जब एक बार में ऐसा होता है तो यदि पूरे दिन मन की प्रसन्नता रखी जाए तो असंभव कुछ भी नहीं। प्यार महसूस करने लिए आपको जो अच्छा लगता हो वह करें। यहाँ तक कि शरीर की सुंदरता भी प्यार से ही संभव है। जब आप स्वयं से प्यार करना प्रारंभ कर देते हैं तो महसूस करेंगे कि आपका सौंदर्य बढ़ने लगा है, हो सकता है आपको यह लगता हो कि ईश्वर ने आपको बनाते समय एक कमी छोड़ दी लेकिन आप यह बात भूल जाते हैं कि उसने आपको कई अतिरिक्त या विशिष्ट क्षमताओं से भी नवाज़ा है। जिस दिन आप खुद से मिलने के लिए थोड़ा–सा समय निकाल लेंगे, वह दिन

आपके लिए बहुत कुछ पाने का दिन होगा। उस दिन आपका लंबा होना, छोटा होना, काला होना, गोरा होना आदि सब गौण हो जाएगा। आपकी खुशी व आपकी प्रसन्नता ही आपकी चमक बढ़ाएगी क्योंकि प्यार सौंदर्य को बढ़ाता है। जब आप स्वयं से प्यार करने लगेंगे तो लोग भी करने लगेंगे। यही सिद्धांत उम्र के लिए भी कार्य करता है। उम्र केवल मानसिक होती है, आप खुद ही अपने आप को उम्र के बंधन में बांध लेते हैं। इसको समझने के लिए आप कई ऐसे लोगों को देख सकते हैं जो अधिक उम्र के बावजूद चुस्त व तंदरुस्त बने हुए हैं। यहाँ भी आपकी धारणाएं आपकी प्रबल भावनाएं बन जाती हैं। यदि आप यह समझते हैं कि मौत एक शाश्वत सत्य है तो फिर उसे उम्र से क्यों जोड़ा जाए, जब आनी होगी तब आ जाएगी, आप क्यों उसका इंतजार करते हैं ? आप तो अपना काम निर्बाध जारी रखें। इसके प्रति तो उतना ही आश्वस्त रहें, जितना कि आप सांस छोड़ते समय रहते हैं कि अगली सांस जरूर आएगी जबकि सांस न आए तो आप 2–3 मिनट से ज़्यादा ज़िंदा भी नहीं रह पाएंगे। फिर भी एक विश्वास के भरोसे छोड़ देते हैं, फिर वह विश्वास और जगह क्यों नहीं ? मेरा विश्वास है कि जब तक आप स्वयं को बूढ़ा नहीं मानेंगे तब तक बुढ़ापा नहीं आएगा। आप और हम तो विद्यार्थी हैं और सदैव बने रहेंगे। राज़ की बात यह है कि विद्यार्थी कभी बूढ़ा नहीं होता। हो सकता है आप जहाँ रहते हैं, वहाँ सेवानिवृत्ति की आयु निश्चित हो लेकिन आप यह भी याद रखें कि वह सेवानिवृत्ति की आयु केवल आपके नौकर बने रहने के लिए ही तय थी, आपके मालिक बने रहने के लिए नहीं। कहीं प्यार की कमी का अहसास ही तो आपका ध्यान उम्र पर केन्द्रित नहीं कर रहा है।

आभार

ब्रह्मा ने उत्पत्ति के साथ ही मानव का स्वभाव ऐसा बनाया कि उसकी प्रशंसा की जाने/आभार व्यक्त किए जाने पर उसे प्रोत्साहन मिलता है। आभार एक दिव्य प्रकाश की तरह होता है, जहाँ आभार होता है वहाँ ब्रह्मा का वास होता है। आभार आपकी प्राप्ति के प्रति श्रद्धा के अर्पण का भाव है। केवल इस एक गुण से ही व्यक्ति और समाज में एक सहज संबंध स्थापित हो जाता है। भावना और संवेदना का प्रबल वातावरण निर्मित हो जाता है। यही नियम ब्रह्मांड पर भी लागू होता है। यह प्रक्रिया जीवन की सभी समस्याओं का समाधान भी है या यह भी कहा जा सकता है कि इस अभ्यास से जीवन में समस्याएं ही नहीं आतीं। बड़े ही सरल तरीके से इसे अनुभव किया जा सकता है। आपके पास जो है, उनकी सूची बनाकर जगत्पिता का आभार व्यक्त करना प्रारंभ करने मात्र से ही जीवन की दिशा व दशा बदलने लगती है। इस सूची को सर्वप्रथम आपके पास सांस होने से शुरू किया जाए तो एक लम्बी सूची बन जाएगी, जिसके लिए हम जगत्पिता के आभारी होंगे और यह प्रक्रिया जैसे–जैसे नियमित होगी, वैसे–वैसे चमत्कार प्रारंभ होंगे। ब्रह्मांड का नियम है, जिस चीज़ पर ध्यान केन्द्रित करेंगे, वह बढ़ेगी। यहाँ यह नियम लगना प्रारंभ हो जाता है। अब आप अपने भविष्य के विधाता बन जाते हैं, न केवल दिन का निर्माण करना बल्कि जीवन का निर्माण प्रारंभ कर देते हैं। जीवन की हर छोटी से छोटी चीज़ का आभार व्यक्त कर आप बड़े परिणाम की तैयारी कर रहे होते हैं।

एक छोटी बीमार चिड़िया रेगिस्तान में रहती थी, उसके पास न पंखे थे, न ही घोंसला, खाना भी बहुत मुश्किल से मिल पाता था। एक दिन ऊपर से गुज़रते हुए कबूतर को उसने रोका और पूछा कि तुम कहां जा रहे हो। कबूतर ने कहा कि मैं देवदूतों के पास जा रहा हूँ। छोटी चिड़िया ने कहा देवदूतो से पूछना मेरी पीड़ा कब ठीक होगी? कबूतर ने कहा ज़रूर पूछूंगा। कबूतर जब देवदूतों के पास पहुँचा तो उनसे उस बीमार चिड़िया के बारे में पूछा। देवदूत ने कहा कि अगले 7 साल तक उस छोटी चिड़िया को इसी तरह का कष्ट उठाना होगा। तब तक उसे कोई खुशी नहीं मिलेगी।

कबूतर ने कहा कि यह बात मैं उस चिड़िया को बताऊंगा तो वह अवसाद (Depression) में चली जाएगी। कृपया आप इसका कोई समाधान बताएं, मैं आपका सदैव आभारी रहूंगा। देवदूत ने कहा तुम्हारे प्रश्न में ही इसका उत्तर है। उस चिड़िया को कहो कि वह हर बात में सकारात्मकता देखकर प्रभु का धन्यवाद करना प्रारंभ कर दे। कबूतर देवदूत का आभार व्यक्त कर वापस चिड़िया के पास आया और उसे कहा कि तुम्हारी पीड़ा ज़्यादा समय की नहीं है, बस तुम हर बात में सकारात्मकता देख प्रभु का धन्यवाद ज्ञापन करना प्रारंभ कर दो, यह कहकर कबूतर अपने गंतव्य को उड़ चला।

कुछ दिन बाद जब वह कबूतर पुनः वहाँ से गुजर रहा था तो उसने देखा कि छोड़ी चिड़िया स्वस्थ्य और खुश दिख रही है। कबूतर को बड़ा आश्चर्य हुआ। उसने चिड़िया से पूछा तो चिड़िया ने कहा आपने जो मंत्र दिया था, मैं उसको लगातार कर रही हूँ। कबूतर को बहुत अच्छा लगा व देवदूत के पास गया और उनको यह घटना सुनाई। देवदूत ने कहा कि यह सत्य है कि अगले 7 साल तक उस छोटी चिड़िया को इसी तरह का कष्ट उठाना लिखा था। लेकिन मैंने देखा कि वह चिड़िया हर बात में सकारात्मकता देख प्रभु का

धन्यवाद ईमानदारी और विश्वास के साथ ज्ञापित करने लगी थी, और कृतज्ञता की शक्ति प्रतीक्षा के लंबे समय को मात्र कुछ देर में बदल सकती है। यह किसी भी स्थिति से शक्तिशाली है।

आभार शब्द आपको आपके भीतर की शक्ति से जोड़ देता है। आभार स्वास्थ्य, रिश्ते या आजीविका के लिए नियमित करें। बिना प्यार के आप आभार व्यक्त नहीं कर सकते। जब आप आभार व्यक्त कर रहे होंगे तो ज़्यादा प्यार पा रहे होंगे, बहुत बेहतरीन स्वास्थ्य का आनंद ले रहे होंगे। समृद्धि पाने के साथ–साथ बहुत अच्छे संबंध स्थापित कर रहे होंगे। साथ ही प्रसन्नता के अधिक अवसर बढ़ा रहे होंगे। यह दिनभर में आपके द्वारा की जाने वाली सबसे छोटी व सबसे आसान प्रार्थना है जो कि कभी भी की जा सकती है। जब हमारी देने की आदत होती है तो मिलना बढ़ जाता है। जितना बांटते हैं उससे अधिक लौट कर आता है।

जापान में एक मछली पैदा होती है। जिसका नाम है "कोई", इसकी एक बड़ी अच्छी विशेषता यह है कि जब यह पैदा होती है तो इसका साइज़ एक से डेढ़ इंच होता है। पैदा होने के बाद यदि इसको फिश एक्वेरियम में रखा जाता है तो इसकी अधिकतम लंबाई केवल 2 से 3 इंच तक बढ़ पाती है। यदि उसी मछली को किसी वाटर टैंक में रखा जाता है तो वह मछली 8 से 10 इंच तक बड़ी हो जाती है और यदि उस मछली को बड़े तालाब में रखा जाता है तो उसका साइज़ 2 से 3 फुट बढ़ता है। वैज्ञानिक लगातार शोध करने के पश्चात् इस निष्कर्ष पर पहुँचे कि मछली की मर्यादा के अनुसार जो उसकी सोच बनती है, उसी के द्वारा उसका विकास होता है। यही ब्रह्मांड का नियम है, यदि आपने अपने विचार से यह तय कर लिया कि मेरा विकास एक मर्यादा में ही होगा तो मर्यादा में ही होगा और यदि आपने यह तय कर लिया कि मेरे विकास की अनंत संभावना है और

अपने क्षेत्र में जितना विकास दूसरों ने किया है उससे भी अधिक विकास कर सकता हूँ तो आप कर सकते हैं अर्थात मैं जितना चाहूं उतना मेरा विकास हो सकता है। जगत्पिता ने सभी को शक्तियाँ प्रदान की हैं, जिससे वह विकास कर सकते हैं।

अध्यात्म

यूनिवर्सिटी ऑफ फिलाडेल्फिया (पेंसिल्वेनिया) में एक शोध किया गया जो पूरी तरह से वैज्ञानिक शोध था, डॉ. एन्ड्रू न्यूबर्ग और डॉ. एच.जी. कोइंग ने 4,000 लोगों को एकत्रित किया। 1,000 के 4 समूह बनाए–पहला आयु वर्ग 4 से 12 वर्ष, द्वितीय आयु वर्ग 12 से 22 वर्ष, तृतीय आयु वर्ग 22 से 60 वर्ष व चतुर्थ समूह 60 से 80 वर्ष, और स्पेशल साइकॉन्यूरो सॉफ्टवेयर से इनका एम.आर.आई. किया गया व दिमाग को नापा गया। उन सभी को ध्यान लगाकर ईश्वर का नाम लेने को कहा गया। ये सभी लोग विभिन्न धर्मों व अलग–अलग जगह के थे, शाम तक उन सभी को घर भेज दिया गया। 8 हफ्तों के बाद उन सभी को फिर से बुलाया गया, बिठाया गया, 2 से 3 बार ध्यान लगवाया गया और साइकॉन्यूरो सॉफ्टवेयर से पुनः उनका एम.आर.आई. कराया गया व दिमाग को नापा गया। इसके परिणाम बहुत आश्चर्यजनक रहे। छोटे बच्चे जो 4 से 12 वर्ष तक के थे, उन्होंने केवल 12 मिनट भगवान का नाम लिया। उनकी 15 से 23 प्रतिशत याद करने की शक्ति बढ़ी। जो 12 से 22 वर्ष के थे, उनकी करीब 15 प्रतिशत इच्छा शक्ति और आत्मविश्वास बढ़ गया था। जो 22 से 60 वर्ष के थे, उनकी 15 प्रतिशत तक जीवन के झटके सहन करने की क्षमता बढ़ गई थी। 60 से 80 वर्ष के सभी लोगों की 23 प्रतिशत रोग प्रतिरोधक क्षमता बढ़ गई थी इसलिए यह वैज्ञानिक रूप से सिद्ध हो गया है कि ईश्वर का नाम लेने से यह चमत्कार होता है।